THICH NHAT HANH

Das Wunder des bewussten Atmens

arkana

Thich Nhat Hanh

DAS WUNDER DES BEWUSSTEN ATMENS

Aus dem Englischen von
Ursula Richard

arkana

Atme! Du bist lebendig!

Atme, und du weißt: Du bist lebendig.
Atme, und du weißt, dass alles dir zu Hilfe eilt.
Atme, und du weißt: Du bist die Welt.
Atme, und du erkennst, dass auch die Blume atmet.
Atmest du für dich, so atmest du für die Welt.
Atme Mitgefühl ein und Freude aus.

Atme, und sei eins mit der Atemluft.
Atme, und sei eins mit dem dahinströmenden Fluss.
Atme, und sei eins mit der Erde, auf der du wandelst.
Atme, und es schwindet jeder Gedanke an Geburt
und Tod.
Atme, und du erkennst, dass Unbeständigkeit das
Leben ist.

Atme, damit deine Freude stetig ist und ruhig.
Atme, damit deine Sorgen verfliegen.
Atme, damit sich jede Zelle im Blut erneuert.
Atme, damit sich dein Bewusstsein bis in seine
tiefsten Schichten erneuert.
Atme und verweile im Hier und Jetzt.
Atme, und was du berührst, wird neu und wirklich.

Annabel Laity

INHALT

Die sechzehn Übungen des bewussten Atmens

1. Bei langem Einatmen weiß ich: »Ich atme lang ein.« Bei langem Ausatmen weiß ich: »Ich atme lang aus.«
2. Bei kurzem Einatmen weiß ich: »Ich atme kurz ein.« Bei kurzem Ausatmen weiß ich: »Ich atme kurz aus.«
3. Ich atme ein und nehme meinen ganzen Körper bewusst wahr. Ich atme aus und nehme meinen ganzen Körper bewusst wahr.
4. Ich atme ein und lasse meinen Körper ruhig und friedvoll werden. Ich atme aus und lasse meinen Körper ruhig und friedvoll werden.
5. Ich atme ein und empfinde ein Gefühl der Freude. Ich atme aus und empfinde ein Gefühl der Freude.
6. Ich atme ein und empfinde ein Gefühl des Glücks. Ich atme aus und empfinde ein Gefühl des Glücks.
7. Ich atme ein und nehme die Aktivitäten des Geistes in mir bewusst wahr. Ich atme aus und nehme die Aktivitäten des Geistes in mir bewusst wahr.
8. Ich atme ein und lasse die Aktivitäten meines Geistes ruhig und friedvoll werden. Ich atme aus und lasse die Aktivitäten meines Geistes ruhig und friedvoll werden.

9. Ich atme ein und nehme meinen Geist bewusst wahr. Ich atme aus und nehme meinen Geist bewusst wahr.
10. Ich atme ein und lasse meinen Geist glücklich und leicht werden. Ich atme aus und lasse meinen Geist glücklich und leicht werden.
11. Ich atme ein und sammle meinen Geist. Ich atme aus und sammle meinen Geist.
12. Ich atme ein und befreie meinen Geist. Ich atme aus und befreie meinen Geist.
13. Ich atme ein und beobachte die unbeständige Natur aller Phänomene. Ich atme aus und beobachte die unbeständige Natur aller Phänomene.
14. Ich atme ein und beobachte das Erlöschen der Begierde. Ich atme aus und beobachte das Erlöschen der Begierde.
15. Ich atme ein und betrachte die vollkommene Befreiung. Ich atme aus und betrachte die vollkommene Befreiung.
16. Ich atme ein und betrachte das Loslassen. Ich atme aus und betrachte das Loslassen.

Das Sutra des bewussten Atmens

1. Abschnitt

So habe ich gehört.

Zu jener Zeit weilte der Buddha in Savatthi[1] im Östlichen Park, gemeinsam mit vielen wohl bekannten und vielseitig gebildeten Schülern. Unter ihnen waren Sariputta, Maha-Moggallana, Maha-Kassapa, Maha-Kaccayana, Maha-Kotthita, Maha-Kappina, Maha-Cunda, Anuruddha, Revata und Ananda.

Die älteren Mönche in der Gemeinschaft unterwiesen mit Eifer und Hingabe diejenigen Bhikkhus[2], die noch nicht mit der Übung vertraut waren. Einige unterwiesen zehn Schüler, andere zwanzig, einige dreißig und andere vierzig; auf diese Weise machten die Bhikkhus, denen die Übung noch nicht so geläufig war, allmählich große Fortschritte.

In dieser Nacht war Vollmond, und die Gemeinschaft hielt die Pavarana-Zeremonie[3] ab, um das Ende des Regenzeit- Retreats anzuzeigen. Der Buddha, der Erhabene, Vollerwachte, hatte unter freiem Himmel Platz genommen. Seine Schüler, die Bhikkhus, versammelten sich um ihn. Er blickte auf die Versammlung der Mönche und begann zu sprechen:

Ehrwürdige Bhikkhus, ich bin erfreut, die Ergebnisse zu sehen, die ihr in eurer Übung bereits erzielt habt. Und ich weiß, dass ihr noch größere Fortschritte machen könnt. Was ihr bisher nicht erreicht habt, könnt ihr noch erreichen. Was ihr bisher nicht verwirklicht habt, könnt ihr noch verwirklichen. (Um eure Bemühungen zu unterstützen), werde ich hier bleiben bis zum nächsten Vollmondtag[4].

Als sie hörten, dass der Buddha noch einen Monat in Savatthi bleiben würde, machten sich Bhikkhus aus dem ganzen Land auf den Weg, um ihn zu hören und bei ihm zu lernen. Die älteren, fortgeschrittenen Bhikkhus fuhren fort, mit noch größerer Hingabe jene Mönche, die mit der Übung noch nicht vertraut waren, zu unterrichten. Dank dieser Hilfe gelang es den neuen Bhikkhus, allmählich in ihrem Verstehen voranzuschreiten.

Als nun der nächste Vollmondtag gekommen war, nahm der Buddha unter freiem Himmel Platz, blickte auf die Versammlung der Mönche und sprach:
Bhikkhus, unsere Gemeinschaft ist rein und gut. In ihrem Innersten ist sie ohne nutzloses und überhebliches Gerede, und so verdient sie, Spenden und Gaben zu empfangen und als Feld der Verdienste[5] *betrachtet zu werden. Eine derartige Gemeinschaft gibt es selten, und jeder Pilger, der sie aufsucht, wie weit auch immer er zu reisen hat, wird ihre Achtbarkeit erkennen. Bhikkhus, in dieser Versammlung gibt es Bhikkhus, die bereits die*

Frucht der Arahatschaft[6] verwirklicht haben, die jegliche Wurzeln des Leidens[7] vernichtet, jegliche Last abgelegt und Vollkommenes Verstehen und Befreiung erlangt haben. Da gibt es auch Bhikkhus, die bereits die ersten fünf inneren Fesseln[8] durchtrennt und die Frucht der Niemals-Wiederkehr[9] in den Kreislauf von Leben und Tod verwirklicht haben.

Da gibt es Bhikkhus, welche die ersten drei inneren Fesseln gelöst und die Frucht der Einmal-Wiederkehr errichtet haben. Sie haben die Wurzeln von Gier, Hass und Unwissenheit abgeschnitten und müssen nur noch einmal in den Kreislauf von Leben und Tod zurückkehren.[10] Es gibt Bhikkus, welche die drei ersten Fesseln gelöst und die Frucht des Stromeintritts[11] erlangt haben; sie steuern sicher dem Vollkommenen Erwachen zu. Da sind diejenigen, welche die Vier Grundlagen der Achtsamkeit[12] üben. Da sind Bhikkhus, welche die Vier Rechten Bemühungen[13] üben und andere, die die Vier Grundlagen[14] des Erfolgs üben. Wir kennen Bikkhus, welche die Fünf Fähigkeiten[15] üben und solche, die die Fünf Kräfte[16] üben. Andere wieder üben die Sieben Faktoren des Erwachens[17]; manche üben den Edlen Achtfachen Pfad[18]. Es gibt Bikkhus, welche sich in der Entfaltung der Liebenden Güte üben, solche, die sich in der Entfaltung des Mitgefühls üben, andere üben sich in der Entfaltung der Freude, wieder andere in der Entfaltung des Gleichmuts[19]. Es gibt die Mönche, welche die Neun Betrachtungen[20] üben, und andere, die die Beobachtung der Unbeständigkeit üben. Auch gibt es bereits Bhikkhus, die sich darin üben, die Achtsamkeit auf den Atem zu richten.

2. ABSCHNITT

Bhihkhus, die Methode, den Atem vollkommen bewusst wahrzunehmen, wird, wenn sie beständig entfaltet und geübt wird, reiche Früchte tragen und großen Nutzen bringen. Sie wird zum Erfolg in der Übung der Vier Grundlagen der Achtsamkeit führen. Wird die Methode der Vier Grundlagen der Achtsamkeit beständig entfaltet und geübt, so führt sie zum Erfolg in der Übung der Sieben Faktoren des Erwachens. Die Sieben Faktoren des Erwachens rufen, wenn sie beständig entwickelt und geübt werden, Verstehen und Befreiung des Geistes hervor.

Wie aber kann die Methode, den Atem vollkommen bewusst wahrzunehmen, beständig entwickelt und geübt werden, so dass die Übung reiche Früchte trägt und großen Gewinn bringt?

Das geschieht folgendermaßen, ihr Bhikkhus:

Da begibt sich der oder die Übende in den Wald, zum Fuße eines Baumes oder an einen anderen einsamen Ort, setzt sich mit gekreuzten Beinen in einer stabilen Haltung nieder, hält den Körper gerade aufgerichtet und übt folgendermaßen: Wenn ich einatme, weiß ich, dass ich einatme; und wenn ich ausatme, weiß ich, dass ich ausatme.

1. *Bei langem Einatmen weiß ich: »Ich atme lang ein.« Bei langem Ausatmen weiß ich: »Ich atme lang aus.«*
2. *Bei kurzem Einatmen weiß ich: »Ich atme kurz ein.« Bei kurzem Ausatmen weiß ich: »Ich atme kurz aus.«*
3. *»Ich atme ein und nehme meinen ganzen Körper bewusst wahr. Ich atme aus und nehme meinen ganzen Körper bewusst wahr.« So ist die Übung.*
4. *»Ich atme ein und lasse meinen Körper ruhig und friedvoll werden. Ich atme aus und lasse meinen Körper ruhig und friedvoll werden.« So ist die Übung.*
5. *»Ich atme ein und empfinde ein Gefühl der Freude*[21]. *Ich atme aus und empfinde ein Gefühl der Freude.« So ist die Übung.*
6. *»Ich atme ein und empfinde ein Gefühl des Glücks. Ich atme aus und empfinde ein Gefühl des Glücks.« So ist die Übung.*
7. *»Ich atme ein und nehme die Aktivitäten des Geistes in mir bewusst wahr. Ich atme aus und nehme die Aktivitäten des Geistes in mir bewusst wahr.« So ist die Übung.*
8. *»Ich atme ein und lasse die Aktivitäten meines Geistes ruhig und friedvoll werden. Ich atme aus und lasse die Aktivitäten meines Geistes ruhig und friedvoll werden.« So ist die Übung*
9. *»Ich atme ein und nehme meinen Geist bewusst wahr. Ich atme aus und nehme meinen Geist bewusst wahr.« So ist die Übung.*

10. »Ich atme ein und lasse meinen Geist glücklich und leicht werden. Ich atme aus und lasse meinen Geist glücklich und leicht werden.« So ist die Übung.
11. »Ich atme ein und sammle meinen Geist. Ich atme aus und sammle meinen Geist.« So ist die Übung.
12. »Ich atme ein und befreie meinen Geist. Ich atme aus und befreie meinen Geist.« So ist die Übung.
13. »Ich atme ein und beobachte die unbeständige Natur aller Phänomene[22]. Ich atme aus und beobachte die unbeständige Natur aller Phänomene.« So ist die Übung.
14. »Ich atme ein und beobachte das Erlöschen der Begierde[23]. Ich atme aus und beobachte das Erlöschen der Begierde.« So ist die Übung.
15. »Ich atme ein und betrachte die vollkommene Befreiung[24]. Ich atme aus und betrachte die vollkommene Befreiung.« So ist die Übung.
16. »Ich atme ein und betrachte das Loslassen[25]. Ich atme aus und betrachte das Loslassen.« So ist die Übung.

Wird die Methode des achtsamen Atmens in Übereinstimmung mit diesen Anweisungen beständig entwickelt und geübt, so trägt sie reiche Früchte und ist von großem Gewinn.

3. ABSCHNITT

In welcher Weise nun entfaltet und übt man beständig die auf den Atem gerichtete Bewusstheit, um mit Erfolg die Vier Grundlagen der Achtsamkeit zu üben?

Wenn der Übende lang oder kurz ein- oder ausatmet und dabei seinen Atem oder den ganzen Körper bewusst wahrnimmt oder wenn er wahrnimmt, dass sein Körper dadurch ruhig und friedvoll wird, so verweilt er friedvoll bei der Beobachtung des Körpers im Körper, ist beharrlich und vollkommen wach, versteht klar seinen Zustand und ist über jedes Verlangen wie auch jedes Gefühl der Abneigung dem Leben gegenüber hinausgelangt. Diese Übungen des Atmens in voller Achtsamkeit gehören zur ersten Grundlage der Achtsamkeit: zum Körper.

Wenn der Übende ein- oder ausatmet und dabei ein Gefühl der Freude oder des Glücks empfindet oder die Aktivitäten des Geistes bewusst wahrnimmt oder die Aktivitäten des Geistes dabei ruhig und friedvoll werden lässt, so verweilt er friedvoll bei der Beobachtung der Gefühle in den Gefühlen, ist beharrlich und vollkommen wach, versteht klar seinen Zustand und ist über jedes Verlangen wie auch jedes Gefühl der Abneigung dem Leben gegenüber hinausgelangt. Diese Übungen des Atmens in voller Achtsamkeit gehören zur zweiten Grundlage der Achtsamkeit: zu den Gefühlen.

Wenn der Übende ein- oder ausatmet und dabei seinen Geist bewusst wahrnimmt, wenn er ihn durch den Atem glücklich und leicht werden lässt oder zu sammeln trachtet oder zu befreien sucht, so verweilt er friedvoll bei der Beobachtung des Geistes im Geist, ist beharrlich und vollkommen wach, versteht klar seinen Zustand und ist über jedes Verlangen wie auch jedes Gefühl der Abneigung dem Leben gegenüber hinausgelangt. Diese Übungen des Atmens in voller Achtsamkeit gehören zur dritten Grundlage der Achtsamkeit: zum Geist. Ohne die volle Bewusstheit des Atmens können meditative Stabilität und Verstehen nicht wachsen.

Wenn der Übende ein- oder ausatmet und dabei die grundlegende Unbeständigkeit aller Phänomene (Dharmas) oder das Erlöschen der Begierde oder die Befreiung oder das Loslassen betrachtet, so verweilt er friedvoll bei der Beobachtung der Geistesobjekte in den Geistesobjekten, ist beharrlich und vollkommen wach, versteht klar seinen Zustand und ist über jedes Verlangen wie auch jedes Gefühl der Abneigung dem Leben gegenüber hinausgelangt. Diese Übungen des Atmens in voller Achtsamkeit gehören zur vierten Grundlage der Achtsamkeit: zu den Geistesobjekten.

Wird die Übung, den Atem vollkommen bewusst wahrzunehmen, beständig entfaltet und geübt, so führt sie zur vollkommenen Verwirklichung in den Vier Grundlagen der Achtsamkeit.

4. ABSCHNITT

Überdies können die Vier Grundlagen der Achtsamkeit, werden sie beständig entfaltet und geübt, zu vollkommenem Verweilen in den Sieben Faktoren des Erwachens führen. Wie ist dies möglich?

Wenn der Übende in der Lage ist, ohne Ablenkung bei der Übung zu bleiben, den Körper im Körper zu beobachten, die Gefühle in den Gefühlen, den Geist im Geist, die Geistesobjekte in den Geistesobjekten, wenn er also beharrlich und völlig wach ist, klar seinen Zustand versteht und über jedes Verlangen wie auch jedes Gefühl der Abneigung dem Leben gegenüber hinausgelangt ist, er somit unerschütterlich, standhaft und unbeirrbar im gegenwärtigen Moment weilt, dann hat er den ersten Faktor des Erwachens erreicht, nämlich die Achtsamkeit. Ist dieser Faktor entfaltet, wird er zur Vollkommenheit gelangen.

Wenn der Übende ohne Ablenkung mit seiner Aufmerksamkeit ganz im gegenwärtigen Moment verweilen kann und jedes Dharma, jedes Geistesobjekt, das sich im Bewusstsein erhebt, ergründen kann, dann wird in ihm der Zweite Faktor des Erwachens geboren und entwickelt, der Faktor der Dharma-Ergründung. Wenn dieser Faktor entfaltet ist, wird er zur Vollkommenheit gelangen.

Wenn der Übende ohne Ablenkung jedes Dharma in einer steten, beharrlichen und unerschütterlichen

Weise beobachten und ergründen kann, so wird der dritte Faktor des Erwachens in ihm geboren und entwickelt, der Faktor der Tatkraft. Wenn dieser Faktor entfaltet ist, wird er zur Vollkommenheit gelangen.

Wenn der Übende dauerhaft und unerschütterlich im Energiestrom der Übung verweilen kann, so wird der vierte Faktor des Erwachens in ihm geboren und entwickelt, der Faktor der Freude. Wenn dieser Faktor entfaltet ist, wird er zur Vollkommenheit gelangen.

Wenn der Übende ohne Ablenkung im Zustand der Freude verweilen kann, empfindet er seinen Körper und Geist als vollkommen leicht und ruhig. Ist er hier angelangt, so wird der fünfte Faktor des Erwachens in ihm geboren und entwickelt, der Faktor der Leichtigkeit und Ruhe. Wenn dieser Faktor entfaltet ist, wird er zur Vollkommenheit gelangen.

Wenn sowohl Körper als auch Geist vollkommen leicht und ruhig sind, kann der Übende mühelos in den Zustand der Sammlung eingehen. Ist er hier angelangt, so wird der sechste Faktor des Erwachens in ihm geboren und entwickelt, der Faktor der Sammlung. Wenn dieser Faktor entfaltet ist, wird er zur Vollkommenheit gelangen.

Wenn der Übende vollkommen ruhig in Sammlung verweilt, unterscheidet und vergleicht[26] *er nicht länger. Ist er hier angelangt, so wird der siebte Faktor des Erwachens in ihm befreit, geboren und entwickelt, der Faktor des Gleichmuts*[27]*. Wenn dieser Faktor entfaltet ist, wird* *er zur Vollkommenheit gelangen. Auf diese Weise können die Vier Grundlagen der Achtsamkeit, wenn sie beständig entfaltet und geübt werden, zur vollkommenen Ausbildung der Sieben Faktoren des Erwachens führen.*

5. ABSCHNITT

Wie aber können die Sieben Faktoren des Erwachens, wenn sie beständig entfaltet und geübt werden, zur vollkommenen Ausbildung wahren Verstehens und vollständiger Befreiung führen?

Wenn der Übende dem Pfad der Sieben Faktoren des Erwachens folgt, in Zurückgezogenheit lebt und sich der Beobachtung und Betrachtung des Erlöschens der Begierde widmet, wird er die Fähigkeit zum Loslassen entwickeln. Diese Fähigkeit verdankt er seinem Voranschreiten auf dem Pfad der Sieben Faktoren des Erwachens. Sie führt zur vollkommenen Ausbildung wahren Verstehens und zu vollständiger Befreiung.

6. ABSCHNITT

So sprach der Erhabene, der Vollerwachte, und alle Versammelten empfanden Dankbarkeit und Freude, diese Lehren gehört zu haben.

aus dem *Majjhima Nikaya*, Sutta Nr. 118

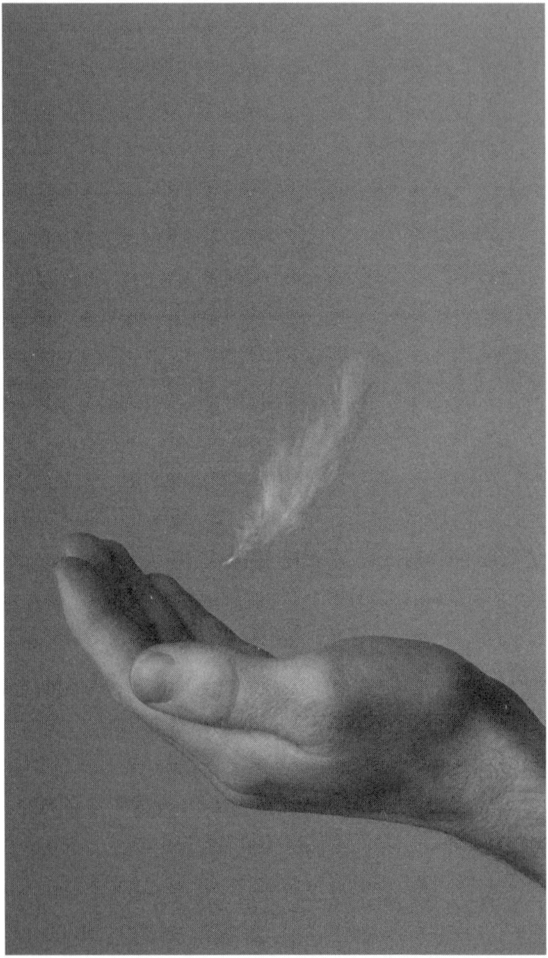

DAS ACHTSAME, BEWUSSTE ATMEN – EIN WEG ZUM ERWACHEN

Den Kern dieser Lehrrede des Buddha bilden die sechzehn verschiedenen Übungen, achtsames Ein- und Ausatmen mit den Vier Grundlagen der Achtsamkeit zu verbinden. Achtsames, bewusstes Atmen ist ein wunderbarer Weg, zu erwachen und volle Aufmerksamkeit zu bewahren, um durch sorgfältige, ausdauernde und tiefgründige Betrachtung das Wesen der Dinge zu erkennen und zur Befreiung zu gelangen.

Alles, was existiert, kann einer der Vier Grundlagen der Achtsamkeit – Körper, Gefühle, Geist und Geistesobjekte – zugeordnet werden. Alles, was ist, alle Dharmas, treten als Geistesobjekte in Erscheinung. Obwohl wir die Dharmas in vier Bereiche unterteilen können, ist es in Wirklichkeit doch nur ein Bereich, denn alle Vier Grundlagen der Achtsamkeit sind Objekte des Geistes. Die sechzehn Übungen des achtsamen Ein- und Ausatmens können wir in vier Gruppen von jeweils vier Übungen unterteilen. In der ersten Gruppe ist der Körper das Objekt der Achtsamkeit, in der zweiten sind es die Gefühle, in der dritten ist es der Geist, und in der vierten sind es die Objekte des Geistes.

Nachdem er die sechzehn Übungen des bewussten Atmens erläutert hat, spricht der Buddha über die Vier Grundlagen der Achtsamkeit und die Sieben Faktoren des Erwachens. Er erinnert uns daran, dass die kontinuierliche Übung dieser verschiedenen Methoden zur Verwirklichung der Sieben Faktoren des Erwachens führen kann. Im *Satipatthana Sutta* (über die Vier Grundlagen der Achtsamkeit) spricht der Buddha ausführlicher über die Vier Grundlagen der Achtsamkeit. Dort ebenso wie in anderen Sutren werden auch die Sieben Faktoren des Erwachens erörtert. Der zentrale Punkt des *Anapanasati Sutta* (über das Bewusste Atmen)[28] ist die Verbindung der Übung des achtsamen, bewussten Atmens mit der Übung der Vier Grundlagen der Achtsamkeit.

EINFÜHRUNG IN DAS SUTRA DES BEWUSSTEN ATMENS

Das *Sutra des Bewussten Atmens* kann in sechs Abschnitte gegliedert werden:

1. DIE SZENERIE

Im ersten Teil wird der Hintergrund beschrieben, vor dem der Buddha diese Lehrrede hielt. Wir hören von der Gemeinschaft seiner Schüler, die sich zu dieser Zeit mit ihm gemeinsam im Östlichen Park aufhielt. Dieser Park muss sehr groß und weitläufig gewesen sein, mit vielen Bäumen, und er lag nahe der Stadt Savatthi. Die Zahl der Mönche, die dort mit dem Buddha weilten, betrug vielleicht 400 oder mehr. Die älteren und erfahrenen Mönche unterrichteten jeweils Gruppen von zehn, zwanzig, dreißig oder vierzig Mönchen, die mit der Lehre noch nicht so vertraut waren.

Nach der morgendlichen Meditation gingen die Mönche in die Stadt auf Almosenrunde. Sie hielten dabei ihre Schalen in den Händen, um Nahrung zu erbetteln. Bevor die Sonne im Zenit stand, kehrten sie in den Park zurück, um zu essen. Es geschah auch von Zeit zu Zeit, dass die ganze Gemeinschaft eingeladen wurde, im Palast des Königs oder im Haus eines wohlhabenden Städters zu essen. Aber nur einzelne Menschen waren so reich, dass sie eine so große Anzahl von Mönchen beherbergen und beköstigen konnten. Wer arm war, wartete, bis die Bhikkhus an ihm vorbeikamen, um ihnen seine Spenden zu geben. Einige Menschen brachten die Nahrung auch direkt zum Park, um sie der Gemeinschaft darzubringen. Der Buddha und seine Schüler aßen nur einmal am Tag, vor der Mittagszeit; und in ihrer Gemeinschaft wurde auch weder gekocht noch gebacken. Die Mönche hatten nicht die Aufgabe, als Gegenleistung für die empfangenen Gaben für kranke oder sterbende Angehörige der Spender zu beten oder Begräbniszeremonien abzuhalten, wie dies heute in vielen Ländern mit buddhistischer Tradition der Fall ist. Stattdessen gaben die Mönche dem jeweiligen Gönner entweder vor oder nach der Mahlzeit eine kurze Unterweisung. Die Mönche sprachen klar und kraftvoll, denn sie führten ein Leben, das es ihnen ermöglichte, die Lehre unmittelbar in die Praxis umsetzen.

Solange die Sonne schien, unterrichtete der Buddha seine Schüler und Schülerinnen im Schatten einer Baumgruppe. Manchmal, wenn der Mond genug Licht spendete, gab er auch am Abend noch eine Unterweisung, so auch bei diesem Sutra.

Schon zuvor hatte der Buddha einige Male über das achtsame, bewusste Atmen gesprochen (wir können dies annehmen, da sich viele Schüler bereits darin übten); es hat aber den Anschein, als lehrte er an dem Abend, als er dieses Sutra hielt, zum ersten Mal systematisch und vollständig alle Aspekte dieser Übung. Wahrscheinlich wählte er diese Gelegenheit, da sehr viele Bhikkhus aus dem ganzen Lande anwesend waren und sich unter ihnen auch eine Reihe neuer Schüler befand.

Da die Mönche im Allgemeinen ihr Regenzeit-Retreat schon einen Monat zuvor beendet hatten, war es vielen möglich, der Versammlung beizuwohnen. Der Buddha hatte in diesem Jahr das Retreat im Östlichen Park um einen Monat verlängert auf insgesamt vier Monate; damit wollte er wohl auch den Mönchen, die weit entfernt lebten, Gelegenheit geben, sich an einem Ort zu versammeln. An dem Abend, als der Buddha das *Sutra des Bewussten Atmens* lehrte, waren vielleicht an die 1000 Mönche dort, um es zu hören.

DIE SECHZEHN ÜBUNGEN DES BEWUSSTEN ATMENS

Dieser zweite Teil ist das Herzstück des Sutra. Hier werden die sechzehn Übungen behandelt, die das achtsame, bewusste Atmen mit den Vier Grundlagen der Achtsamkeit verbinden.

Ich atme ein und weiß, dass ich einatme. Ich atme aus und weiß, dass ich ausatme.

1. *Bei langem Einatmen weiß ich: »Ich atme lang ein.« Bei langem Ausatmen weiß ich: »Ich atme lang aus.«*
2. *Bei kurzem Einatmen weiß ich: »Ich atme kurz ein.« Bei kurzem Ausatmen weiß ich: »Ich atme kurz aus.«*
3. *Ich atme ein und nehme meinen ganzen Körpers bewusst wahr. Ich atme aus und nehme meinen ganzen Körper bewusst wahr.*
4. *Ich atme ein und lasse meinen Körper ruhig und friedvoll werden. Ich atme aus und lasse meinen Körper ruhig und friedvoll werden.*

Die ersten vier Übungen des bewussten Atmens zeigen uns Wege, wie wir uns wieder auf unseren Körper beziehen, ihn tief betrachten und sorgsam mit ihm umgehen können. Es ist sehr wichtig, dass wir im Alltag lernen, Harmonie und Wohlbefinden in unserem Körper zu erzeugen, Körper und Geist wieder miteinander zu verbinden. Niemals hat der Buddha uns gelehrt, wir sollten den Körper misshandeln oder seine Regungen unterdrücken.

In der ersten und zweiten Übung ist der Atem selbst das Objekt der Achtsamkeit. Der Geist des oder der Atmenden ist das Subjekt, und seine oder ihre Atemzüge sind das Objekt. Die Atemzüge können kurz oder lang, schwer oder leicht sein. Wenn wir unsere Aufmerksamkeit gänzlich auf die Atmung richten, so erfahren wir, dass der Atem unseren Geist beeinflusst und unser Geist den Atem. Geist und Atem werden eins. Wir sehen auch, dass der Atem ein Aspekt des Körpers ist und dass Gewahrsein des Atems auch gleichzeitig Gewahrsein des Körpers ist.

In der dritten Methode wird die auf den Atem gerichtete Bewusstheit mit der Bewusstheit verbunden, die auf den ganzen Körper gerichtet ist. Der Atem ist nun nicht mehr einfach ein Teilaspekt des Körpers. Die auf den Atem gerichtete Achtsamkeit ist nun auch auf den gesamten Körper gerichtete Achtsamkeit. Geist, Atem und der ganze Körper sind eins.

In der vierten Übung des bewussten Atmens kommen die Körperfunktionen allmählich zur Ruhe. Die Beruhigung des Atems wird begleitet von der Beruhigung des Körpers und des Geistes. Geist, Atem und Körper kommen gleichermaßen zur Ruhe.

In nur vier Übungen können wir die Einheit von Körper und Geist verwirklichen. Der Atem ist ein ausgezeichnetes Werkzeug, um Ruhe und Gleichmut in uns zu erwecken.

B. DIE ZWEITE GRUPPE

5. *Ich atme ein und empfinde ein Gefühl der Freude. Ich atme aus und empfinde ein Gefühl der Freude.*
6. *Ich atme ein und empfinde ein Gefühl des Glücks. Ich atme aus und empfinde ein Gefühl des Glücks.*
7. *Ich atme ein und nehme die Aktivitäten des Geistes in mir bewusst wahr. Ich atme aus und nehme die Aktivitäten des Geistes in mir bewusst wahr.*
8. *Ich atme ein und lasse die Aktivitäten meines Geistes ruhig und friedvoll werden. Ich atme aus und lasse die Aktivitäten meines Geistes ruhig und friedvoll werden.*

Diese zweite Gruppe der Übungen des bewussten Atmens lenkt unsere Aufmerksamkeit auf unsere Gefühle. Wir können Freude und ein Glücksgefühl entwickeln und unser Leiden verwandeln. Unsere Gefühle – das sind wir. Wenn wir nicht auf sie achten, wer sollte es dann tun? Jeden Tag empfinden wir schmerzliche Gefühle, und wir müssen lernen, mit ihnen umzugehen. Zwar können uns unsere Lehrerinnen und Lehrer, unsere Freundinnen und Freunde in einem bestimmten Ausmaß helfen, aber die Arbeit müssen wir letztlich selbst tun. Körper und Gefühle – sie stellen unser Territorium, unser Stück Land, dar, für das wir wie eine Königin, ein König Verantwortung tragen.

Die fünfte Übung bringt uns mit unseren Gefühlen in Kontakt. Wir können drei Arten von Gefühlen unterscheiden: angenehme, unangenehme und neutrale (weder angenehme noch unangenehme). Ein Gefühl der Freude steigt in uns auf – sie ist ein Resultat unseres achtsamen Atmens und der Ruhe in unserem Körper und unseren Körperfunktionen (Skt.: *kayasamskara*). Dieses angenehme Gefühl entsteht ganz natürlich aus der Übung der vierten Methode.

In der sechsten Übung geht die Freude über in ein Gefühl des Friedens und des Glücks, und wir sind uns dessen vollkommen bewusst.

In der siebten Übung richten wir unsere Aufmerksamkeit auf alle Gefühle, die entstehen, ganz gleich, ob sie ihren Ursprung in den Funktionen des Körpers oder des Geistes *(citta-samskara)* haben. Die Geistesfunktionen schließen auch die Gefühle und Wahrnehmungen ein. Nehmen wir jede körperliche und jede geistige Aktivität bewusst wahr, so nehmen wir auch jedes Gefühl wahr.

In der achten Übung gelangen Körper und Geist in einen Zustand der Ruhe und des Friedens. An diesem Punkt können wir nun Körper, Geist, Gefühle und Atem vollständig und vollkommen vereinen.

C. DIE DRITTE GRUPPE

9. *Ich atme ein und nehme meinen Geist bewusst wahr. Ich atme aus und nehme meinen Geist bewusst wahr.*
10. *Ich atme ein und lasse meinen Geist glücklich und leicht werden. Ich atme aus und lasse meinen Geist glücklich und leicht werden.*
11. *Ich atme ein und sammle meinen Geist. Ich atme aus und sammle meinen Geist.*
12. *Ich atme ein und befreie meinen Geist. Ich atme aus und befreie meinen Geist.*

Die dritte Gruppe hat mit unserem Geist zu tun, genauer gesagt, mit den Aktivitäten unseres Geistes. Die buddhistische Psychologie der Vijñanavada-Tradition führt 51 verschiedene Geistesformationen auf *(citta-samskara)*. Diese Übungen können uns dabei helfen, mit den jeweiligen Geistesformationen umzugehen, heilsame zu entwickeln und zu hegen und auch mit den unheilsamen in Verbindung zu treten, damit wir sie schließlich umwandeln können. Denn auch die Geistesformationen gehören zu unserem »Landbesitz«.

Viele wertvolle Keime liegen in der Tiefe unseres Bewusstseins, und wir sind viel zu selten wirklich in Berührung mit ihnen. Es sind Keime der Liebe, des Verstehens, des Mitgefühls, der Freude, Keime der

Fähigkeit, Recht und Unrecht zu unterscheiden, der Fähigkeit, anderen wirklich zuzuhören, Keime der Gewaltlosigkeit; auch bergen wir Keime der Bereitschaft in uns, Unwissen, Abneigung und Anhaftung zu überwinden. Durch die Achtsamkeitsübung lernen wir, diese zarte Saat von Eigenschaften in uns zu erkennen und zu nähren, bis aus ihnen wundervolle Blumen erblühen. Unsere Lehrerinnen und Lehrer, unsere Freundinnen und Freunde unterstützen uns darin. Natürlich stoßen wir bei der Überwachung unseres Hoheitsgebietes auch auf unheilsame Keime wie Ärger, Mutlosigkeit, Miss trauen, Stolz und weitere Geistesformationen, die Leid hervorrufen. Sie sind ein Grund für unsere Abwehr, uns mit uns selbst zu beschäftigen. Wir betrachten diese unerfreulichen Keime nur sehr ungern. Die Übung des achtsamen, bewussten Atmens kann uns jedoch dabei helfen, Verantwortung für unser Land zu übernehmen, es wieder in Ordnung zu bringen und sorgsam zu hüten.

In der neunten Übung richten wir unsere Achtsamkeit auf alles, was zum gegenwärtigen Augenblick im Geist erscheint. Welche Form die Aktivität des Geistes auch immer annehmen mag, wir nehmen sie bewusst wahr.

In der zehnten Übung erfüllen wir unseren Geist mit Freude, denn es ist für den Geist leichter, gesammelt zu sein, wenn er sich in einem friedvollen, glücklichen Zustand befindet, als wenn er von Angst und Kummer erfüllt ist. Wir sind uns bewusst, dass wir die Gelegenheit haben zu meditieren und dass kein Moment so wichtig ist wie der gegenwärtige. Wenn wir nun in aller Ruhe im gegenwärtigen Moment verweilen, entsteht in uns eine große Freude, wann immer wir in uns die Samen des Vertrauens, des Mitgefühls, der Güte, des Gleichmuts, der Freiheit und andere heilsame Geistesformationen berühren. Diese Samen liegen tief in unserem Bewusstsein geborgen, und wir brauchen sie nur zu berühren, ihnen Wasser zu geben durch unser bewusstes Atmen, damit sie sich manifestieren, Gestalt annehmen.

Die elfte Übung lässt uns zu tiefer Sammlung oder Konzentration gelangen, denn wir nutzen den Geist, um den Geist zu beobachten. Der Geist ist nunmehr die Einheit von Subjekt und Objekt. Er ist das Subjekt, das die Dinge beobachtet und beleuchtet, und zugleich ist er das Objekt, das beobachtet und beleuchtet wird. Der Geist ist nun der Atem, er ist Frieden und Glück. Der Geist ist die Bühne, die angestrahlt wird, und gleichzeitig auch der Scheinwerfer der Konzentration, der sein Licht gebündelt auf die Bühne richtet. Alle Geistesformationen, die sich im gegenwärtigen Augenblick manifestieren, können wir zum Objekt unserer Konzentration machen.

In der zwölften Übung können wir den Geist befreien von allem, was ihn eventuell noch bindet. Der

Geist ist entweder durch unser Festhalten an der Vergangenheit oder durch Vorstellungen über die Zukunft gebunden, oder er ist es durch verborgene Wünsche oder versteckte Ablehnung. Die klare Beobachtung unseres Geistes ermöglicht uns herausfinden, wo die Knoten sitzen, die uns noch fesseln und verhindern, dass der Geist frei und in Frieden sein kann. Dringen wir schließlich zum Kern dieser Bindungen vor, können wir die Knoten lösen und die Fesseln abstreifen, die unseren Geist binden. Sind wir uns unserer Atmung ständig bewusst, so kann das Licht der Beobachtung immer weiter erstrahlen, den Geist erleuchten und ihn befreien. Schauen wir tief in das Wesen von Angst, Ärger, Furchtsamkeit oder ähnlichem hinein, so entwickelt sich in uns Verstehen, und dieses Verstehen führt uns in die Freiheit.

D. DIE ABSCHLIESSENDEN VIER ÜBUNGEN

13. *Ich atme ein und beobachte die unbeständige Natur aller Phänomene. Ich atme aus und beobachte die unbeständige Natur aller Phänomene.*
14. *Ich atme ein und beobachte das Erlöschen der Begierde. Ich atme aus und beobachte das Erlöschen der Begierde.*
15. *Ich atme ein und betrachte die vollkommene Befreiung. Ich atme aus und betrachte die vollkommene Befreiung.*

16. Ich atme ein und betrachte das Loslassen. Ich atme aus und betrachte das Loslassen.

Der Geist kann nicht von seinen Objekten getrennt werden. Geist ist Bewusstsein, ist Empfindung, ist Zuneigung, ist Abneigung. Bewusstsein ist immer das Bewusstsein *von etwas;* Empfindung ist immer die Empfindung *von etwas.* Lieben und Hassen sind immer *auf etwas* bezogen, das geliebt und gehasst wird. Dieses Etwas ist das Objekt des Geistes. Geist kann nicht entstehen, ohne dass da ein Objekt wäre. Er existiert nicht, wenn das Geistesobjekt nicht existiert. Der Geist ist in jedem Moment zugleich das Subjekt und auch das Objekt des Bewusstseins. Alle sind sie Objekte des Geistes: physische Phänomene wie der Atem, das Nervensystem und die Sinnesorgane, alle psychischen Phänomene wie die Empfindungen, die Gedanken und das Bewusstsein, und auch alle physikalischen Phänomene wie die Erde, das Wasser, das Gras, die Bäume und Flüsse – und daher sind sie alle Geist. All diese Erscheinungen können Dharmas genannt werden.

In der dreizehnten Übung wird die sich ständig wandelnde, unbeständige Natur von allem, was ist, durchleuchtet, seien es nun physische, psychische oder physikalische Phänomene. Auch der Atem selbst ist unbeständig. Es ist sehr wichtig, die Tatsache der Unbeständigkeit, der Vergänglichkeit, des ständigen

Wandels zu erkennen, denn damit eröffnet sich uns die Möglichkeit zu sehen, dass alle Erscheinungen wechselseitig miteinander verbunden sind; zu sehen, dass die Existenz jeder einzelnen Erscheinung abhängig ist von der Existenz aller anderen Erscheinungen und dass nichts ein unabhängiges, abgetrenntes Selbst hat.

Die vierzehnte Übung lässt uns die wahre Natur unserer Begierde erkennen und sehen, dass sich jedes Phänomen bereits im Prozess seiner Auflösung, seines Erlöschens, befindet, so dass wir nicht länger von der Idee beherrscht werden, wir könnten an Dharmas, an welchen auch immer, als Objekten der Begierde und als unabhängigen, abgetrennten Dingen festhalten. Das gilt auch für die physischen und psychischen Elemente in uns selbst.

Die fünfzehnte Übung lässt uns große Freude erfahren, die Freude der Befreiung, denn wir befreien uns von jeder Vorstellung und jeder Absicht, noch irgendein Dharma festhalten, ergreifen oder besitzen zu wollen.

Die sechzehnte Übung erhellt, was es bedeutet, uns selbst loszulassen, die ganze Last unserer Unwissenheit und unserer Gier abzulegen. Die Fähigkeit, alles loszulassen, bedeutet bereits, Befreiung erlangt zu haben.

Diese sechzehn Übungen sollten wir mit Intelligenz und Umsicht studieren und üben. Die vier einleitenden Übungen sind sehr hilfreich, wenn es um die Entwicklung und Förderung unserer Konzentration geht. Mit ihnen sollten wir also möglichst beginnen. Doch ist es nicht immer notwendig oder hilfreich, die sechzehn Übungen in der vorliegenden Reihenfolge zu üben. Es ist gut möglich, dass ihr euch für einige Tage oder Monate auch nur mit einer bestimmten beschäftigt, zum Beispiel mit der vierzehnten. Obwohl diese Übungen vielleicht sehr einfach erscheinen, ist ihre Wirkung doch unermesslich. Abhängig von eurer Kenntnis und Erfahrung könnt ihr euch mehr oder weniger tief auf sie einlassen.

Der Buddha hatte keineswegs die Absicht, neue Theorien zu schaffen und damit den Geist der Menschen, die mit der Praxis noch nicht so vertraut waren, zu verwirren; deshalb benutzte er in diesem Sutra auch so einfache Begriffe wie Unbeständigkeit, Erlöschen, Befreiung und Loslassen. Doch der Begriff »Unbeständigkeit« umfasst auch die Vorstellung von Nicht-Selbst, von Leerheit, von der wechselseitigen Verbundenheit aller Dinge, ihrer Zeichenlosigkeit *(animitta)* und ihrer Absichtslosigkeit oder Nicht-auf-ein-Ziel-Gerichtetheit *(apranihita).* Daher ist die Beobachtung der unbeständigen Natur von allem, was existiert, so wichtig für die Entfaltung unserer Einsicht – sie führt uns zur Befreiung.

DIE VIER GRUNDLAGEN DER ACHTSAMKEIT

Der dritte Teil des Sutra beschäftigt sich mit den Vier Grundlagen der Achtsamkeit. Es wird auch schon im zweiten Teil auf sie verwiesen, aber ohne namentliche Erwähnung. Auch wird in diesem Sutra nicht sehr ausführlich auf die Vier Grundlagen der Achtsamkeit eingegangen; wer sie in ihren Einzelheiten kennen lernen möchte, sollte das *Satipatthana Sutta* selbst lesen.

Die Vier Grundlagen der Achtsamkeit sind der Körper, die Gefühle, der Geist und die Geistesobjekte (alle Dharmas). In diesem Sutra finden wir Anleitungen, wie durch bewusstes Atmen die Achtsamkeit bezüglich der Vier Grundlagen entwickelt werden kann.

Dabei werden oft Formulierungen benutzt wie »den Körper im Körper beobachten«, »die Gefühle in den Gefühlen beobachten«, »den Geist im Geist beobachten« und »die Geistesobjekte in den Geistesobjekten beobachten«. Das Geheimnis der »Beobachtenden Meditation« liegt darin, dass das Subjekt der Beobachtung und das Objekt der Beobachtung aufhören, *zwei* zu sein, also zwei voneinander zu unterscheidende, getrennte Dinge. So kann eine Wissenschaftlerin vielleicht versuchen, sich völlig von dem Objekt, das sie beobachtet und misst, zu distanzieren, sich als getrennt von ihm zu betrachten, aber in der Meditation geht es gerade darum, die Grenze und die Trennung zwischen Subjekt und Objekt aufzuheben.

Wenn wir etwas beobachten, dann *sind* wir das, was wir beobachten. *Nicht-Zweiheit* ist hier das Schlüsselwort. »Den Körper im Körper beobachten« bedeutet, dass wir uns im Beobachtungsprozess nicht als *außerhalb* unseres Körpers befindlich betrachten, als »unabhängige Beobachter« sozusagen, sondern dass wir uns *mit dem* beobachteten *Objekt,* hier also unserem Körper, *vereinen.* Nur so können wir die Wirklichkeit durchdringen, sie direkt und unmittelbar erfahren. In der Beobachtenden Meditation bilden Körper und Geist eine Einheit, und auch das Subjekt und das Objekt der Meditation sind eins. Es gibt kein Schwert der Unterscheidung mehr, das die Wirklichkeit in einzelne Teile zerschneidet. Der Mensch, der meditiert, ist somit kein unabhängiger Beobachter mehr, sondern jemand, der *teilnimmt* an diesem Prozess, der mit ihm verwoben ist.

Beobachtende Meditation bedeutet, klar zu erkennen, was in den Vier Grundlagen, also in Körper, Gefühlen, Geist und allen Dharmas, geschieht. Im Sutra heißt es: *»...(er) ist beharrlich und vollkommen wach, versteht klar seinen Zustand und ist über jedes Verlangen wie auch jedes Gefühl der Abneigung dem Leben gegenüber hinausgelangt.«*

»Leben« bedeutet hier »alles, was existiert«. Ob wir uns nun hartnäckig an allem, was existiert, festklammern oder uns dagegen sträuben und alles verwerfen – beiden Haltungen fehlt die Klarheit eines erwachten Geistes. Damit unsere Übung des Beobachtens gelingen kann, müssen wir über jedes Gefühl »des Verlangens oder der Abneigung hinaus gelangen«.

DIE SIEBEN FAKTOREN DES ERWACHENS

Im vierten Teil des Sutra spricht der Buddha darüber, dass die Sieben Faktoren des Erwachens entstehen, wachsen und vollendet werden, wenn wir uns ihnen in Verbindung mit bewusstem Atmen widmen.

a. Achtsamkeit ist der wichtigste Faktor des Erwachens. Achtsamkeit ist Gewahrsein und vollkommenes Wachsein. Wird diese volle Bewusstheit entfaltet und beibehalten, so ist schließlich die Übung der Beobachtung, die darauf abzielt, alles, was existiert, zu durchleuchten und es in aller Klarheit zu sehen, von Erfolg gekrönt.

b. Alles, was existiert, zu beobachten, zu durchleuchten und in Klarheit zu sehen, das ist die Ergründung der Dharmas.

c. Tatkraft ist Ausdruck unserer Ausdauer und unseres Eifers.

d.– e. Freude und Leichtigkeit sind freudvolle Gefühle, die durch unsere Tatkraft genährt werden.

f. Fortdauernde Sammlung führt zu Verstehen und Einsicht. Wenn wir Verstehen erlangt haben, können wir über jegliches Vergleichen, Messen und Unterscheiden hinausgelangen;

wir reagieren nicht mehr mit Vorliebe oder Abneigung auf die Dinge.

g. Über all dies hinausgelangt zu sein bedeutet, Gleichmut erlangt zu haben. Im Gesicht der Menschen, die Gleichmut erlangt haben, erblüht oft eine Art »Halblächeln«, das von ihrem Mitgefühl und Verstehen zeugt.

DIE BEFREIUNG

Im fünften, nur sehr kurzen Teil des Sutra weist uns der Buddha noch einmal darauf hin, dass die gewissenhafte Übung der Sieben Faktoren des Erwachens zu wahrem Verstehen und zur Befreiung führt.

DER SCHLUSS

Der sechste Teil besteht nur aus dem abschließenden Satz des Sutra. Mit diesem Satz wird im Allgemeinen ein Sutra beendet.

Das Wunder des bewussten Atmens – Die sechzehn Übungen

Die Entfaltung unserer Konzentration und die Beobachtung all dessen, was existiert, lassen uns zur Befreiung gelangen, zur Freiheit von allem Gebundensein. An was aber sind wir gebunden, und was verhindert, dass wir frei sein können?

Hier ist zunächst unsere Neigung zu nennen, immer wieder in Unachtsamkeit zurückzufallen und unser Gewahrsein für das, was geschieht, zu verlieren.

Wir leben, als wären wir in einem Traum. Wir werden in die Vergangenheit zurückgeworfen und in die Zukunft hineingezerrt. Unser Kummer ist es, der uns fesselt; unser Festhalten an Wut, Angst und Unruhe macht uns unfrei. »Befreiung« bedeutet hier, dass wir da rüber hinausgelangen, dass wir diese Bedingungen hinter uns lassen, um vollkommen wach, voller Freude und Lebendigkeit, entspannt und in Frieden zu leben. Gelingt es uns, so zu leben, haben wir die Chance zu erfahren, dass das Leben wirklich lebenswert ist; dann sind wir für unsere Familie und für alle Menschen, die mit uns verbunden sind, eine stete Quelle der Freude. Im Buddhismus wird oft über »Befreiung« gesprochen; darunter haben wir eine Befreiung zu verstehen, in der wir über alles hinausgehen und Leben und Tod hinter uns lassen.

Zumeist fühlen wir uns doch durch den Tod bedroht. Wie viel Unruhe und Furcht rühren von der Angst vor dem Tod her! Meditation kann uns helfen, uns von den Fesseln dieser Angst zu befreien.

Im Folgenden möchte ich die Übungen, durch die wir das *Sutra des Bewussten Atmens* in die Praxis umsetzen können, näher erläutern. In Übereinstimmung mit Geist und Stil des Sutra sind auch meine Darlegungen einfach und schlicht. Sucht euch bitte jeweils die Übungen aus, die euch in eurer gegenwärtigen Situation angemessen erscheinen, und übt sie als Erste. Obgleich die sechzehn Übungen des bewussten Atmens sehr eng miteinander verbunden sind, entspricht ihre Reihenfolge im Sutra nicht einem Aufbau, der notwendigerweise von einfach zu schwer verläuft.

Jede Übung ist genauso wunderbar, genauso leicht oder genauso schwer wie jede andere. Man kann jedoch sagen, dass die einführenden Anweisungen größeren Nachdruck legen auf die Entfaltung unserer Konzentration, auf die unzerstreute Gerichtetheit unseres Geistes, und in den darauf folgenden Übungen eher die Bedeutung des Tiefen Schauens betont wird, obwohl natürlich unzerstreute Gerichtetheit und Tiefes Schauen gar nicht voneinander getrennt werden können. Ist unser Geist unzerstreut auf ein Objekt gerichtet, so findet Tiefes Schauen mehr oder weniger bereits statt, und schauen wir tief, dann ist auch unser Geist bereits unzerstreut gerichtet.

Die Objekte der Achtsamkeit, die im Folgenden vorgestellt werden, können in sieben Bereiche untergliedert werden:

Dem Atem folgen im täglichen Leben – die Umwandlung von Unachtsamkeit und unnötigem Denken (Übungen 1–2)

4. Die achtsame Wahrnehmung des Körpers (Übung 3)
5. Die Erkenntnis der Einheit von Körper und Geist (Übung 4)
6. Uns selbst nähren mit der Freude der Meditation (Übungen 5–6)
7. Das Beobachten der Gefühle, um sie zu beleuchten (Übungen 7–8)
8. Fürsorge und Befreiung für den Geist (Übungen 9–12)
9. Das Beobachten aller Phänomene, um ihre wahre Natur zu erhellen (Übungen 13–16)

Für uns alle ist es wichtig zu wissen, wie man dem Atem im täglichen Leben folgen kann und wie man sich mit der Freude der Meditation nährt. Daher sollten wir bei jeder Sitzmeditation mit den Methoden beginnen, die diese Aspekte zu entfalten helfen (Bereich 1 und 4).

Jedes Mal, wenn wir spüren, dass wir verärgert, zerstreut und unruhig sind, empfiehlt es sich, unsere Gefühle zu beobachten, um sie genauer zu beleuchten (5. Bereich).

Das Beobachten aller Phänomene, um ihre wahre Natur zu durchleuchten (7. Bereich), ist das Tor, das zur Befreiung von Leben und Tod führt. Alle, die großes Verstehen erlangen wollen, müssen dieses Tor passieren. Dieser Bereich ist das größte Geschenk, das der Bud dha uns gegeben hat. In den ersten sechs Bereichen geht es sowohl um die unzerstreute Gerichtetheit unseres Geistes als auch um die Beobachtung; im siebten Bereich liegt die Betonung auf der Beobachtung. Auf diesen Bereich sollten wir uns erst dann einlassen, wenn wir ein äußerst stabiles Konzentrationsvermögen entwickelt haben.

DER ERSTE BEREICH DER ACHTSAMKEIT

Dem Atem folgen im täglichen Leben – die Umwandlung von Unachtsamkeit und unnötigem Denken (Übungen 1 – 2)

Ich atme ein und weiß, dass ich einatme. Ich atme aus und weiß, dass ich ausatme.

1. *Bei langem Einatmen weiß ich: »Ich atme lang ein.«*
   Bei langem Ausatmen weiß ich: »Ich atme lang aus.«
2. *Bei kurzem Einatmen weiß ich: »Ich atme kurz ein.«*

Bei kurzem Ausatmen weiß ich: »Ich atme kurz aus.«

Die meisten Leserinnen und Leser dieses Buches werden nicht in einem Kloster oder als Einsiedler unter Bäumen mitten im Wald leben. In unserem Alltag fahren wir Auto, warten auf den Bus, arbeiten in einer Fabrik oder in einem Büro, telefonieren, putzen, kochen, waschen usw. Daher ist es von großer Wichtigkeit, dass wir lernen, das bewusste, achtsame Atmen in unserem ganz alltäglichen Leben zu üben und beizubehalten. Normalerweise wandern unsere Gedanken umher, wenn wir mit den zuvor genannten Dingen beschäftigt sind. Ihnen folgen dicht hinterher Gefühle von Freude, Kummer, Wut und Unruhe. Wir sind zwar lebendig, sind aber nicht in der Lage, mit unserem Geist im gegenwärtigen Moment zu bleiben, und so leben wir in Unachtsamkeit.

Um wirklich im gegenwärtigen Moment zu leben, müssen wir Achtsamkeit entwickeln für das, was in uns und um uns herum geschieht. Wir beginnen damit, unseren Atem bewusst wahrzunehmen, indem wir ihm aufmerksam folgen. Wenn wir ein- und ausatmen, wissen wir, dass wir ein- und ausatmen; an unserem Lächeln zeigt sich, dass wir ganz gegenwärtig, ganz wir selbst sind und Kontrolle über uns haben. Durch die auf den Atem gerichtete Achtsamkeit können wir im und zum gegenwärtigen Moment erwachen. Wenn wir dem Atem aufmerksam folgen, halten wir inne und sammeln den Geist. Das Atmen voller Achtsamkeit hilft unserem Geist, nicht mehr ständig in einer verworrenen Gedankenwelt, einem niemals endenden Gedankenfluss umherzuirren.

Es fällt uns nicht schwer, die üblichen täglichen Aufgaben zu verrichten und dabei gleichzeitig unserem Atem zu folgen, wie es die Anweisungen in diesem Sutra vorsehen. Erfordert unsere Arbeit besondere Aufmerksamkeit, um Komplikationen oder Unfälle zu vermeiden, so können wir das achtsame, bewusste Atmen mit der Achtsamkeit gegenüber dem, was wir gerade tun, vereinen. Wenn wir zum Beispiel einen Topf kochendes Wasser transportieren oder Elektroarbeiten verrichten, können wir jede Bewegung unserer Hände bewusst wahrnehmen. Diese Bewusstheit nähren und unterstützen wir durch achtsames Atmen: »Ich atme aus und nehme meine Hände wahr, die einen Topf kochendes Wasser tragen.« Oder: »Ich atme ein und nehme meine rechte Hand wahr, die ein elektrisches Kabel hält.« Oder auch: »Ich atme ein und nehme wahr, dass ich gerade ein anderes Auto überhole. Ich atme aus und weiß, dass ich die Situation unter Kontrolle habe.« Das sind Möglichkeiten der Übung. Es reicht jedoch nicht aus, die Achtsamkeit auf den Atem nur mit einer Tätigkeit zu verbinden, die sehr viel Aufmerksamkeit von uns fordert. Wir können die auf den Atem gerichtete Achtsamkeit damit verbinden, unsere Achtsamkeit auf alle Bewegungen des Körpers zu richten. »Ich atme ein und setze mich hin.« »Ich atme ein und wische den Tisch ab.« »Ich atme ein und lächle mir zu.« »Ich atme ein und heize den Ofen.«

Wir haben in unserer Meditationsübung einen großen Schritt nach vorn gemacht, wenn wir in der Lage sind zu verhindern, dass unser Geist in den endlosen Strom assoziativer, wahlloser Gedankenfolgen eintaucht, dass er sich darin verliert. So leben wir unser Leben achtsam und wach. Diesen Schritt können wir verwirklichen, indem wir unserem Atem folgen und gleichzeitig die Achtsamkeit auf unsere alltäglichen Aktivitäten lenken.

Es gibt Menschen, die in ihrem ganzen Leben weder Frieden noch Freude kennen lernen, die sogar krank oder verrückt werden, nur weil sie unnützes Denken nicht abstellen können. Schließlich greifen sie zu Beruhigungsmitteln, um überhaupt schlafen zu können; damit, so hoffen sie, haben sie für eine Weile Ruhe. Aber selbst im Traum werden sie noch von ihren Ängsten, Beklemmungen und Sorgen verfolgt. Wenn wir zu viel denken, kann das zu Kopfschmerzen führen, und unser Geist leidet darunter.

Dadurch, dass wir unserem Atem folgen und unser bewusstes Atmen mit der achtsamen Wahrnehmung unserer alltäglichen Aktivitäten verbinden, kommt der Strom störender Gedanken allmählich zur Ruhe, und wir können das Licht des Verstehens anzünden. Es ist wundervoll, jedes Einatmen, jedes Ausatmen bewusst wahrzunehmen, und jeder Mensch kann sich darin üben.

Das achtsame Atmen mit der achtsamen Wahrnehmung der Bewegungen des Körpers im Alltag zu verbinden – ob wir gehen, stehen, liegen, sitzen oder arbeiten –, das ist eine grundlegende Meditationsübung, um Konzentration zu entwickeln und in einem Zustand des Erwachens zu leben. Auch in der Sitzmeditation können wir zunächst unserem Atem einige Minuten lang folgen, bis er ruhig, gleichmäßig und harmonisch geworden ist; dies können wir natürlich auch die gesamte Phase des Sitzens über tun, wenn es uns nötig erscheint.

Bei langem Einatmen weiß ich: »Ich atme lang ein.«
Bei langem Aus atmen weiß ich: »Ich atme lang aus.«

Bei kurzem Einatmen weiß ich: »Ich atme kurz ein.«
Bei kurzem Ausatmen weiß ich: »Ich atme kurz aus.«

Zu Beginn ist unser Atem gewöhnlich erst einmal recht kurz, aber im Laufe unserer Übungen wird der Atem langsamer und tiefer. Bei diesen beiden Übungen geht es darum zu wissen, ob der Atem kurz oder lang ist. Nun ist es nicht so, dass wir absichtlich unseren Atem verlängern, also etwa sagen: »Jetzt atme ich lang ein.« Vielmehr sagen wir: »Ich atme ein und weiß, dass ich lang (oder kurz) ein atme.«

Wir stellen ganz einfach fest, wann wir ein- und wann wir ausatmen. Die längeren Sätze wie »Ich atme ein und weiß, dass ich einatme« und »Ich atme aus und weiß, dass ich ausatme« können wir auf die Kurzformel bringen: »Ein, Aus.« Während wir ein- und ausatmen, um unsere Konzentration zu stärken, sprechen wir leise jeweils diese beiden Worte.

Während wir also fortfahren, unserem Atem zu folgen, stellen wir seine Eigenschaft fest wie folgt: »Ich weiß, dass ich einatme, und ich weiß, dass es ein kurzer Atemzug ist.« Wenn er kurz ist, ist das völlig in Ordnung; macht ihn keinesfalls länger. Dies nennen wir »reine Wahrnehmung«. Genauso verhält es sich mit einem schmerzvollen Gefühl. Zunächst stellen wir es einfach fest. Ist dein Atem schnell, so nimm einfach wahr: »Er ist schnell.« Ist er langsam, so nimm wahr: »Er ist langsam.« Nimm wahr, wenn er unregelmäßig ist oder wenn er regelmäßig verläuft. Zu Anfang ist unser Atem vielleicht noch unregelmäßig, was sich nach einigen Minuten der Übung ändern kann; dann wird er ganz sanft und gleichmäßig und verschafft uns ein Gefühl von Friedfertigkeit und Freude. Keinesfalls forcieren wir den Atem, weder in Richtung Tiefe noch Langsamkeit. Erst durch fortgesetzte Übung wird unser Atem allmählich tief und langsam, dies geschieht ganz natürlich. Stellen wir einen tiefen, langsamen Atemfluss fest, so können wir beim Einatmen sagen: »tief«

und beim Ausatmen: »langsam.« So gewinnen wir bereits mit den beiden ersten Übungen Freude an der Meditation, und nun können wir sie auch mit anderen Menschen teilen, mit unserer Familie, mit Freundinnen und Freunden. Dazu müssen wir nicht erst Meditationslehrerin oder -lehrer werden.

DER ZWEITE BEREICH DER ACHTSAMKEIT

Die achtsame Wahrnehmung des Körpers (Übung 3)

3. *Ich atme ein und nehme meinen ganzen Körpers bewusst wahr. Ich atme aus und nehme meinen ganzen Körper bewusst wahr.*

Bei diesem zweiten Bereich umarmen wir mit unserer Achtsamkeit den ganzen Körper, und nicht nur, wie in den ersten beiden Übungen, unseren Atem. Wir nehmen das Vorhandensein, die Präsenz unseres Körpers wirklich wahr, und wir »kehren heim«, um mit ihm eins zu sein. Es ist der Atem, der uns heimbringt, er ist das »Transportmittel«. Wenn nicht wir nach Hause kommen und uns um unser Heim kümmern, wer sollte es sonst tun? Sind wir wieder zum Körper heimgekehrt, so stößt er einen Seufzer der Erleichterung aus und sagt: »Na, endlich bist du wieder da!« Auf keinen Fall werfen wir unserem Körper vor, dass er uns Schwierigkeiten macht, wenn wir vielleicht gerade Kopfschmerzen haben oder an einer Magenverstimmung leiden. Wir umarmen vielmehr unseren angeschlagenen Körper, sorgen für ihn und heilen ihn, indem wir ihm die angemessene Aufmerksamkeit schenken.

Im *Anapanasati Sutta* lehrt uns der Buddha vier Übungen in Verbindung mit dem Körper, aber im *Satipatthana Sutta* erhalten wir noch weit mehr Übungen: 1. Atmen. 2. Den Körper wahrnehmen, ihn zur Ruhe bringen. 3. Die Körperhaltung wahrnehmen: Wenn du stehst, sitzt, gehst oder liegst, bist du dir dessen bewusst, dass du stehst, sitzt, gehst oder liegst. 4. Die Körperhandlungen wahrnehmen: sich bücken, Tee trinken, eine Teetasse anheben. Wenn deine Handlungen hastig und achtlos sind, bemerkst du es; und dadurch, dass es dir bewusst wird, verschwinden Hast und Unachtsamkeit. 5. Verschiedene Körperteile beobachten.

Während der Meditationsübung vereinen sich Körper und Geist. Im Sitzen, Liegen, Stehen oder Gehen, in jeder Körperhaltung können wir die achtsame Wahrnehmung des Körpers üben.

Wie wir wissen, hat der Buddha auch Gehmeditation gelehrt. Wir können Anregungen aus dem *Anapanasati Sutta* aufnehmen, um unsere Gehmeditation erfolgreich zu gestalten. Wenn wir zum Beispiel langsam gehen, können wir bei einem Schritt innerlich sagen »ein«. Das bedeutet: »Ich atme ein und weiß, dass ich einatme.« So lange das Einatmen dauert, fahren wir fort, mit unserem linken Fuß aufzutreten. Sobald nun das Ausatmen beginnt, setzen wir den rechten Fuß auf und sagen innerlich »aus«. Dies bedeutet wiederum: »Ich atme aus und weiß, dass ich ausatme.« Wir tun einen Schritt und sind uns dabei bewusst, dass wir einatmen, und genauso atmen wir beim nächsten Schritt bewusst aus. Das ist schon alles, um etwas anderes geht es hier nicht. Legen wir unseren ganzen Körper, unseren ganzen Geist in diesen einen Schritt, so bringt uns das bei unserer Geh meditation wirklich weiter. Haben wir nun vier- bis fünfmal dieses »ein«, »aus« geübt, wird unser Atem auf ganz natürliche Weise tiefer und langsamer. Wenn wir das feststellen, können wir dazu übergehen, »tief« zu sagen, wenn wir einatmen, und »langsam«, wenn wir ausatmen. Bei der Übung im Freien empfiehlt es sich, bei jedem Atemzug zwei oder drei Schritte zu tun statt nur einen. Bei jedem Schritt sagen wir »ein«; das wäre also bei drei Schritten auf dem Einatmen »ein, ein, ein«. Entsprechend sagen wir beim Ausatmen »aus, aus, aus«. Danach: »tief, tief, tief« und »langsam, langsam, langsam«.

Wir haben auch die Möglichkeit, verschiedene Körperteile zu betrachten, einen nach dem anderen. Danach schauen wir uns den gesamten Körper an. Wir können mit unseren Haaren beginnen: »Ich nehme meine Haare wahr und atme ein. Ich lächle meinen Haaren zu und atme aus.« So durchwandern wir schließlich unseren gesamten Körper, betrachten alle seine Teile bis hinunter zu den Zehenspitzen. Unsere Achtsamkeit ermöglicht es uns, mit jedem einzelnen Körperteil in Verbindung zu treten. Diese Meditationsübung können wir im Sitzen wie im Liegen machen.

In Krankenhäusern gibt es heutzutage Geräte, mit denen der Körper eines Patienten mit dem Laserstrahl abgetastet werden kann. Diese Laserspektroskopie ist ein wichtiges Hilfsmittel für die Diagnostik. Mithilfe der Achtsamkeit können wir den Körper auf ähnliche Weise abtasten und erfassen. Rechte Achtsamkeit ist ein Lichtstrahl, der die verschiedenen Teile unseres Körpers durchleuchtet, uns mit ihnen vertraut macht und uns aufzeigt, wie wir mit ihnen sorgsam umgehen können. So ist es uns möglich, innerhalb einer halben Stunde die 36 Körperteile, die wir im *Satipatthana Sutta* aufgelistet finden, zu durchleuchten. Die medizinische Forschung zeigt, wie wichtig diese Art der Aufmerksamkeit gegenüber den einzelnen Körperteilen für die Heilung ist. Ihr könnt euch niederlegen und euch selbst in dieser Meditation anleiten: »Ich atme ein und bin mir meiner Augen bewusst. Ich atme aus und lächle meinen Augen zu.« Genauso könnt ihr nun mit allen anderen Bereichen eures Körpers verfahren. Ist eure Sammlung intensiv, erkennt ihr sogar, wie viel Freude euch eure Augen im Leben bereiten, und schon das erfüllt euch mit einem Glücksgefühl. Wenn ihr erst einmal erkennt, wie kostbar eure Augen sind, dann werdet ihr bestimmt künftig gut auf sie achten.

Im Verlauf der Übung werden vielleicht Gefühle und Gedanken in euch aufsteigen. Ist meine Aufmerksamkeit zum Beispiel auf mein Herz gerichtet, so spüre ich plötzlich, dass in mir ein Gefühl der Besorgnis über das Herzleiden eines nahen Freundes aufsteigt. Ich verdränge dieses Gefühl nicht, sondern nehme es wahr: »Ich atme ein und nehme ein Gefühl der Sorge über das Herzleiden meines Freundes wahr.«

Dann setzt ihr eure Reise durch den Körper fort, ihr beobachtet alle seine Teile, angeleitet durch euer achtsames, bewusstes Atmen. Hier ist ein weiteres Beispiel: Halte ich meine Aufmerksamkeit auf die Verdauungsorgane gerichtet, so erkenne ich, dass es da Millionen kleinster Lebewesen gibt, die in meinen Eingeweiden mit mir leben. Ich verdränge diese Wahrnehmung nicht, sondern nehme sie zur Kenntnis: »Ich atme ein und bin mir der winzigen Organismen bewusst, die mit mir und in mir leben.«

Wenn ich spüre, dass es ein fruchtbarer Gegenstand meiner Meditation sein kann, wenn ich mir der Symbiose mit diesen Organismen weiter bewusst bleibe, nehme ich dies wahr und treffe mit mir die Absprache, später zu diesem Gegenstand zurückzukehren; danach setze ich meine Beobachtung des restlichen Körpers fort. Wir nennen diese Übung: »Den Körper mit unserer Achtsamkeit durchleuchten.«

Im Allgemeinen schenken wir den Organen unseres Körpers nur wenig Aufmerksamkeit. Wir nehmen sie zumeist erst dann wahr und sind uns ihrer bewusst, wenn sie uns Schmerzen bereiten und wir krank werden. Die Hälfte eures Lebens könnt ihr mit der Suche nach Reichtum und Ruhm verbringen, ohne jemals euren kleinen Zeh bewusst zwischen den Fingern gehalten zu haben. Euer kleiner Zeh ist aber sehr wichtig. Wenn ihr eines Tages Anzeichen von Krebs an ihm entdeckt, was werdet ihr dann tun?

Vielleicht glaubt ihr, dass es nicht so wichtig ist, den Körper so bewusst wahrzunehmen. Aber das stimmt nicht. Jedes körperliche, seelische oder physikalische Phänomen kann ein Tor sein, das euch zur Wahrheit führt. Ihr könnt uber euren Zeh meditieren und so das Ziel der Verwirklichung erreichen. Das Geheimnis dieser Praxis liegt darin, den Geist zu konzentrieren, um jedes Organ des Körpers voller Achtsamkeit zu beobachten. Wenn ihr in dieser Weise meditiert, werdet ihr eines Tages (vielleicht schon morgen oder gar heute Nachmittag) tief in die Wirklichkeit eindringen und wunderbare Dinge sehen; dadurch kann sich eure ganze Sichtweise, eure Art zu leben verändern. Die Haare auf eurem Kopf sind allem Anschein nach etwas ganz Gewöhnliches, aber ihr solltet euch klar machen, dass jedes einzelne

Haar ein »Botschafter der Wahrheit« ist. Schaut euch also die »Dokumente«, die euch jedes Haar vorlegt, sorgsam an. Beobachtet ganz genau, und entdeckt die Botschaften, die jedes einzelne Haar in sich trägt. Nach dem Gesetz des Miteinander-Verbundenseins enthält jedes einzelne Haar die gesamten Informationen des Kosmos. Eure Augen – sind das nur ganz banale, physische Erscheinungen? Natürlich nicht! Sie sind auch die Fenster, durch die sich euch die Wunder der Wirklichkeit offenbaren. Missachtet also keinen Teil, kein Organ eures Körpers. Schaut genau hin, und ihr werdet die Wirklichkeit erkennen. Das ist die Übung der Meditation.

DER DRITTE BEREICH DER ACHTSAMKEIT

Die Erkenntnis der Einheit von Körper und Geist (Übung 4)

4. *Ich atme ein und lasse meinen Körper ruhig und friedvoll werden.*
   Ich atme aus und lasse meinen Körper ruhig und friedvoll werden.

Nun, da wir unseren gesamten Körper beobachtet und angenommen haben, können wir uns daran machen, ihm Frieden und Ruhe zu gönnen. Es kommt vor, dass unser Körper in sich nicht ausgeglichen ist, nicht richtig funktioniert. Wir haben vielleicht schwer gearbeitet und stellen fest, dass da wenig Frieden ist in unserem Körper. Wir legen uns hin und merken, dass unser Körper vor Erschöpfung zittert. Anstrengung beeinflusst auch unseren Atem. Sind wir aufgebracht oder erschöpft, merken wir, dass Körper und Atem aus der Balance geraten. Die folgende Übung soll uns helfen, bewusst für unseren Körper zu sorgen: »Ich atme ein und beruhige die Funktionen meines Körpers. Ich atme aus und beruhige die Funktionen meines Körpers.« Allein schon durch diese Art der Konzentration können wir dafür sorgen, dass unser Kreislauf besser funktioniert und das Herz regelmäßiger schlägt.

In einer weiteren Meditationsphase könnt ihr euren Körper als Ganzes betrachten, ohne zwischen den verschiedenen Teilen zu unterscheiden: »Ich atme ein und nehme meinen ganzen Körper bewusst wahr« (Übung 3). Lasst dabei Atmung, Körper und beobachtenden Geist eins werden. Atmung und Körper sind eins, Atmung und Geist sind eins, und Geist und Körper sind eins. Während der Geist Körper und Atmung beobachtet, ist er keineswegs eine Entität, die unabhängig und außerhalb des Körpers und der Atmung existiert. Die Grenze zwischen dem Subjekt, das beobachtet, und dem Objekt, das beobachtet wird, existiert nicht länger. Wir beobachten »den Körper im Körper«. Der Geist befindet sich nicht außerhalb des Objektes, um es zu beobachten, sondern er ist eins mit dem Objekt, das er beobachtet. Dieses fundamentale Prinzip: Subjekt und Objekt sind leer, Subjekt und Objekt sind »nicht zwei«, ist in der Mahayana-Tradition umfassend entwickelt.

Wenn ihr nun so, wie hier vorgeschlagen, zehn oder zwanzig Minuten lang meditiert, werdet ihr spüren, dass der Fluss eures Atems und euer ganzer Körper ruhig werden und dass auch euer Geist mehr und mehr zur Ruhe kommt. Seid ihr mit dieser Übung noch nicht so vertraut, erscheint euch alles erst einmal recht holprig und grob, so wie grobkörnig gemahlener Weizen. Doch allmählich wird das Mehl immer feinkörniger.

Die vierte Übung begleitet euch auf diesem Weg: »Ich atme ein und lasse meinen Körper ruhig und friedvoll werden.« Wenn wir an einem heißen Sommertag ein Glas kühle Limonade trinken, spüren wir, wie sich unser Körper innerlich angenehm abkühlt; atmen wir ein, so strömt die Luft durch unseren Körper und beruhigt jede seiner Zellen. Gleichzeitig wird jede »Zelle« unseres Atems friedvoller und ebenso jede »Zelle« des Geistes. Atem, Körper und Geist sind eins, und jeder von ihnen ist zugleich alle drei. Dies ist der Schlüssel zur Meditation. Trabt das Pferd friedvoll, reitet auch der Reiter friedvoll. Je entspannter der Reiter sich fühlt, desto gelöster bewegt sich auch das Pferd.

Diese Übung schenkt euch die »süße Freude der Meditation «. Sie ist das große Glück, das uns aus der Meditation erwächst. Sie bedeutet Nahrung für uns. Nährt ihr euch mit der süßen Freude der Meditation, so profitieren auch andere von der Freude, Frische und Geduld, die ihr ausstrahlt. Obwohl die vierte Übung – »ich atme ein und lasse meinen Körper ruhig und friedvoll werden« – darauf abzielt, die Aktivitäten des Körpers zu beruhigen, bewirkt sie doch ebenso eine Beruhigung der Atmung und des Geistes. Kommt eins dieser Elemente zur Ruhe, so gelangen auch die beiden anderen zur Ruhe.

In der Ruhe und Stille der Meditation gibt es keinen Unterschied zwischen Körper und Geist – ihr ruht im Zustand von »Körper und Geist sind eins« und spürt, dass das Subjekt der Meditation nicht außerhalb des Objektes der Meditation zu finden ist.

DER VIERTE BEREICH DER ACHTSAMKEIT

Uns selbst nähren mit der Freude an der Meditation (Übungen 5–6)

5. *Ich atme ein und empfinde ein Gefühl der Freude. Ich atme aus und empfinde ein Gefühl der Freude.*

Alle, die meditieren, sollten erfahren, wie sie sich mit der Freude der Meditation nähren können, mit dem Frieden und der Freude, die aus meditativer Sammlung erwächst, um zu wirklicher Reife zu gelangen und der Welt zu helfen. Das Leben in dieser Welt ist leidvoll und wunderbar zugleich. In den buddhistischen Traditionen der Südlichen Schulen wird mehr der leidvolle Aspekt des Lebens hervorgehoben, während die Traditionen der Nördlichen Schulen uns helfen, die Wunder des Lebens zu erkennen und zu würdigen. Der violette Bambus, die gelben Blumen, die weißen Wolken, der Vollmond, sie alle sind der wunderbare Ausdruck des Dharmakaya, der Verkörperung der tiefsten Wirklichkeit. Auch der menschliche Körper ist ein unglaubliches Wunder, obwohl er unbeständig, ohne ein unabhängiges Selbst und dem Leiden unterworfen ist.

Die ursprüngliche Freude, die in uns erwächst, wenn wir meditieren, kann man vielleicht vergleichen mit dem Gefühl, wenn wir die Stadt mit all ihrer Betriebsamkeit und Hektik hinter uns lassen und endlich auf dem Land allein unter einem Baum sitzen. Hier fühlen wir uns vollkommen ruhig und friedvoll, voller Freude und Erleichterung, so als hätten wir gerade eine schwierige Prüfung hinter uns und wären nun für immer aller Sorgen ledig.

Nach einem anstrengenden Tag könnt ihr am Abend den Fern seher abschalten und ein Räucherstäbchen anzünden, damit Wohl geruch den Raum erfüllt. Dann setzt ihr euch in Meditationshaltung nieder und beginnt, eurem Atem aufmerksam zu folgen. Auf eurem Gesicht zeigt sich ein leichtes Lächeln, jenes gewisse Halblächeln, denn ihr empfindet bereits große Freude. Es sind die ersten Empfindungen von Freude und Frieden, die ihr durch Meditation erfahren könnt. Die fünfte Atemübung – »ich atme ein und empfinde ein Gefühl der Freude« – hilft uns, diese Empfindungen bewusst wahrzunehmen. Lasst ihr nun alles los, was euch den Tag über beschäftigt hat, all euren Stress, alle Schwierigkeiten, bis euch Freude erfüllt, gelingt es euch in der Meditation, mühelos einen Zustand des Friedens und des Glücks zu erlangen.

Freude ist ein positiver seelischer und körperlicher Zustand. Freude bewirkt, dass unser Blutkreislauf in Schwung ist, und wir fühlen uns dadurch lebendiger. Empfinden wir Freude, fällt uns auch die Konzentration viel leichter. Umgekehrt ist es schwierig, sich ohne Freude zu konzentrieren. Haben wir diese innere Sammlung, so erkennen wir die Dinge viel deutlicher und entwickeln ein tieferes Verständnis. Wie können wir nun dieses Gefühl von Freude in uns stärken? Wir können die folgenden Übungen ausprobieren:

Ich atme ein und bin mir meiner beiden guten Augen bewusst.
Ich atme aus und empfinde Freude.
Ich atme ein und bin mir meiner gut funktionierenden Leber bewusst. Ich atme aus und empfinde Freude.
Ich atme ein und bin mir dessen bewusst, dass die Gemeinschaft der Mitübenden (Sangha) mich behütet
Ich atme aus und empfinde Freude.

Die letzte Übung ist für diejenigen vorgesehen, die in einer Sangha leben, einer Gemeinschaft von Übenden. Vielleicht tut eure Gemeinschaft gar nichts Besonderes, aber allein ihre Existenz behütet euch, gibt euch Geborgenheit. Wenn ihr euch in ein Retreat begebt und dort mit einer Sangha meditiert, ihr miteinander sitzt, esst, geht und achtsam atmet, dann gibt euch das ein Gefühl großer Sicherheit und Ermutigung. Ihr könnt euch also bei jeder Sitzmeditation mit dieser Art von Übung etwas Gutes tun. Berührt ihr diese Freude auch nur zwanzig bis dreißig Minuten lang, so erhaltet ihr wahrhaft Nahrung für Körper und Seele.

Die sechste Übung hilft uns, dieses Gefühl des Glücks bewusst zu erfahren: »Ich atme ein und empfinde ein Gefühl des Glücks. Ich atme aus und empfinde ein Gefühl des Glücks.« Dieses Glücksgefühl steigt in uns auf, wenn wir uns von den Sorgen und Problemen, die uns unausgesetzt beschäftigen, befreien; es steigt auf, wenn Körper und Geist ruhig und entspannt sind.

Glück bedeutet mehr als Freude. Gemäß den Lehren des Buddha ist Freude nicht so rein wie Glück, denn sie enthält Anteile von Aufgeregtheit. Wenn uns etwas Besonderes bevorsteht, sagen wir: »Ich bin so aufgeregt – ich kann's kaum erwarten.« Sind wir aber zu aufgeregt, dann ist unser Geist nicht im Frieden. Im Chinesischen erscheinen die Zeichen für »Frieden« und »Freude« oft zusammen. Einmal sagte ein Schüler zu mir: »Ich kann es kaum erwarten, Sie am Freitag lehren zu hören!« Sind wir aber zu aufgeregt wegen der Dinge, die erst in der Zukunft passieren, wie können wir da Freude empfinden über das, was im gegenwärtigen Augenblick geschieht? In Westen wird Freude oft mit Aufgeregtheit gleichgesetzt. Im Buddhismus ist Freude nicht dasselbe wie Glück. Am Anfang benötigen wir Freude. Wenn wir dann aber allmählich ein Glücksgefühl entwickeln, verschwindet mit ihm die Aufgeregtheit, die in dem Gefühl von Freude enthalten ist. Wir brauchen die Freude, aber wir müssen auch über sie hinausgelangen. Im Strom unserer Gefühle entdecken wir viele Empfindungen, die wir unerfreulich finden und deshalb unbedingt verändern wollen. Dafür hatte der Buddha volles Verständnis, und so lehren uns die ersten beiden Übungen bezüglich der Gefühle, wie wir uns mit Freude und Glückseligkeit nähren. Sie sind die Medizin, die uns erst einmal stärkt, bevor wir daran gehen, uns von den tiefsten, den grundlegenden Ursachen unserer Krankheit zu heilen. Wenn wir uns einmal die Mühe machen, die Voraussetzungen für unser Glück, die in der Gegenwart bereits gegeben sind, aufzuschreiben, dann werden wir bestimmt in kurzer Zeit eine stattliche Liste zu Papier bringen. Wir können uns jedes Mal fragen, ganz gleich, was wir gerade tun – in Meditation sitzen oder gehen, waschen, kochen, sauber machen –, welches die Voraussetzungen für unser Glück sind. Erkennen wir eine solche Voraussetzung, können wir sie gleich notieren. Im Lotos-Sutra heißt es, dass uns viele kostbare Juwelen vererbt wurden, aber wir laufen umher wie bettelarme Kinder.

Um bei der Übung Erfolg zu haben, müssen wir Freude und Glückseligkeit wirklich »erfahren« (Pali: *patisamvedi*). Es reicht also nicht aus, lediglich die Worte »Freude« und »Glück« innerlich zu wiederholen. Nur mit den Augen des Verstehens und mit der rechten Achtsamkeit gelingt es uns, mit jenen Bedingungen in Kontakt zu kommen, die uns wahrhaftig Freude und Glück im gegenwärtigen Augenblick bringen.

Der Buddha lehrte uns, die angenehmen, unangenehmen und neutralen Gefühle eingehend zu betrachten. Unter neutralen Gefühlen verstehen wir solche, die weder angenehm noch unangenehm sind. Haben wir plötzlich Zahnschmerzen, dann wird uns klar, was für ein angenehmes Gefühl es ist, keine Zahnschmerzen zu haben. Doch die meisten von uns nehmen dieses angenehme Gefühl gar nicht bewusst wahr, solange sie keine Zahnschmerzen haben. Erst wenn wir erblindet sind, wird uns bewusst, dass es etwas Wunderbares ist, den blauen Himmel und die weißen Wolken sehen zu können. Solange wir sehen können, sind wir uns dieses Wunders nur selten bewusst. Wir halten sehen für neutral. Die Tatsache, dass wir eine Sangha haben und die Gelegenheit zu meditieren, kommt uns vielleicht wie ein neutrales Gefühl vor, aber wenn wir uns einmal vergegenwärtigen, was für ein kostbares Juwel eine Sangha ist, dann verwandelt sich dieses Gefühl in ein sehr angenehmes. Die Tatsache, dass wir lebendig sind, ist wahrhaftig ein Wunder. Vielleicht können wir nichts Besonderes daran finden, aber wenn wir uns wirklich einmal der Tatsache, dass wir leben, ganz bewusst werden, dann erkennen wir, wie beglückend das ist und welch angenehmes Gefühl es hervorruft.

Durch die Meditationsübung lernen wir also, so genannte neu trale Gefühle in angenehme zu verwandeln, in solche, die heilsam sind und länger andauern. Diese ehemals neutralen Gefühle sind sogar heil samer und länger andauernd als andere angenehme Gefühle. Zu meditieren bedeutet, die leidvollen wie auch die beglückenden Dinge wahrzunehmen und sich ihrer bewusst zu sein. Diese Glücksempfindung ist Nahrung für die Meditierenden, und es gibt keinen Grund, außerhalb unserer selbst nach ihr zu suchen. Ist uns einmal bewusst, dass dieses Glück in uns bereits angelegt ist, können wir es unmittelbar erfahren. Angenehme Gefühle sind wie die Luft, die uns umgibt, und wir können sie in jedem Moment genießen. Das Glück der Meditation, von dem wir ständig zehren können, lässt uns ruhiger und entspannter mit uns und anderen Wesen umgehen, macht uns geduldiger, toleranter und mitfühlender. Unser Glück überträgt sich auf alle, die sich in unserer Nähe befinden.

Nur wenn wir selbst Frieden in uns haben, können wir den Frieden auch mit anderen teilen. Nur dann haben wir genügend Kraft und Geduld, um anderen zu helfen; erst dann sind wir in der Lage, Schwierigkeiten und Nöten mit Geduld und Ausdauer zu begegnen.

DER FÜNFTE BEREICH DER ACHTSAMKEIT

Das Beobachten der Gefühle, um sie zu beleuchten (Übungen 7–8)

7. *Ich atme ein und nehme die Aktivitäten des Geistes in mir bewusst wahr. Ich atme aus und nehme die Aktivitäten des Geistes in mir bewusst wahr.*

Geistesformationen *(citta-samskara)* sind psychische Erscheinungen. Die Vijñanavada-Schule des Mahayana-Buddhismus nennt 51 und die Theravada-Tradition 52 Geistesformationen. Gefühle gehören dazu. In der siebten und achten Methode sind mit Aktivitäten des Geistes einfach Gefühle gemeint. Die Übungen beziehen noch nicht die anderen Geistesformationen mit ein.

Einige Gefühle entstehen im Körper, so wie Zahnschmerzen und Kopfschmerzen. Diejenigen Gefühle, die eher in unserem Geist entstehen, werden durch unsere Ideen und Vorstellungen hervorgerufen. Vielleicht habt ihr morgens, wenn ihr das erste Licht des Tages seht und die Vögel singen hört, ein durchaus angenehmes Gefühl. Habt ihr aber einmal um diese Tageszeit einen Anruf erhalten, dass Vater oder Mutter einen Herzinfarkt erlitten hat, dann kann euch das schmerzliche Gefühl, das aus dieser Vorstellung herrührt, über Jahre hinweg begleiten.

Seid ihr einmal traurig, dann denkt daran, dass auch das nicht ewig anhält. Die Traurigkeit verschwindet vielleicht schlagartig, wenn euch jemand freundlich anlächelt. Nun ist das traurige Gefühl aber nirgendwohin gegangen – es hat einfach aufgehört, sich zu manifestieren. Allerdings kann es genauso plötzlich wieder auftauchen, wenn euch zwei Tage später zum Beispiel jemand kritisiert. Es hängt also von bestimmten Ursachen und Bedingungen ab, ob sich der Same der Traurigkeit in euch manifestiert oder nicht. Unsere Übung besteht darin, uns bewusst zu machen, welches Gefühl im gegenwärtigen Moment vorhanden ist:

Ich atme ein und bin mir des Gefühls bewusst, das gerade in mir vorhanden ist. Ich atme aus und bin mir des Gefühls bewusst, das gerade in mir vorhanden ist.

Wenn es sich um ein angenehmes Gefühl handelt und wir uns dessen bewusst sind, kann es noch angenehmer werden. Essen oder trinken wir etwas, das gesund und nahrhaft ist, wächst unser Glücksgefühl, wenn wir uns dessen bewusst sind. Schadet hingegen das Essen, das wir zu uns nehmen, unseren Verdauungsorganen, den Lungen, unserer Leber oder der Umwelt, so teilt uns unsere Achtsamkeit mit, dass in den so genannten angenehmen Gefühlen auch viele Samen potenziellen Leidens vorhanden sind.

In der siebten und achten Übung bleibt unsere Aufmerksamkeit auf unsere Gefühle gerichtet. Es geht aber nun nicht mehr nur um die angenehmen Gefühle, sondern um die Wahrnehmung aller Gefühle, also auch der unangenehmen wie Ärger, Angst, Wut, Überdruss und Langeweile. Welches Gefühl auch immer gerade vorhanden sein mag, wir versuchen es zu identifizieren; wir erkennen, dass es da ist, und lassen die Sonne unserer Bewusstheit erstrahlen, um dieses Gefühl zu beleuchten.

Verspüren wir ein unangenehmes Gefühl, nehmen wir dieses Gefühl einfach in den Arm, so wie eine Mutter, die ihr weinendes Baby im Arm hält. Die »Mutter« ist unsere Achtsamkeit, und das »weinende Baby« ist das unangenehme Gefühl. Achtsamkeit und bewusstes Atmen können sich beruhigend auf dieses Gefühl auswirken. Versäumen wir es nämlich, dieses unangenehme Gefühl in den Arm zu nehmen und lassen es weiter in uns wirken, so verursacht es uns auch weiterhin Leiden.

Ich atme ein und berühre das unangenehme Gefühl in mir. Ich atme aus und berühre das unangenehme Gefühl in mir.

Die buddhistische Meditation des Tiefen Schauens (*vipa-shyana*) beruht auf dem Prinzip der Nicht-Dualität. Wir betrachten den Ärger nicht als einen äußeren Feind, der in uns eingedrungen ist, sondern wir sehen, dass wir im gegenwärtigen Moment genau dieser Ärger sind. »Das, was mich ärgert, ist in mir. Ich bin dieser Ärger.« Mit einer solchen Einstellung brauchen wir uns nicht länger anzustrengen, den Ärger zu bekämpfen, zu vertreiben oder zu vernichten. Im Tiefen Schauen errichten wir in uns keinerlei Schranken zwischen Gut und Böse, wir verwandeln uns nicht in ein Schlachtfeld. Eine solche Haltung versucht der Buddhismus zu vermeiden. Wir müssen stattdessen lernen, gewaltlos und mitfühlend mit unserem Ärger umzugehen. Es ist viel besser, ihn mit einem Herzen voller Liebe zu betrachten, so als würden wir unsere kleine Schwester anschauen.

Wir richten das Licht der Bewusstheit, das aus unserer Fähigkeit erwächst, im gegenwärtigen Moment zu bleiben, auf das, was uns stört. Wenn wir achtsam ein- und ausatmen, beginnt dieses Licht zu strahlen und verwandelt jenes Gefühl des Ärgers allmählich. Es wird nicht zerstört oder vernichtet, sondern transformiert. Jedes Gefühl ist ein Energiefeld. Ein angenehmes Gefühl ist Energie, die uns nähren kann; Ärger hingegen ist ein Gefühl mit einem zerstörerischen Potenzial. Im Licht der Bewusstheit kann jedoch auch die Energie des Ärgers in eine nährende, stärkende Energie verwandelt werden. Gefühle haben ihren Ursprung entweder im Körper oder in unseren Wahrnehmungen. Leiden wir unter

Schlaflosigkeit, so fühlen wir uns ständig müde und gereizt. Diese Gefühle haben ihren Ursprung im Körper. Nehmen wir eine Person oder ein Objekt falsch wahr, dann empfinden wir oft Ärger, Enttäuschung oder Wut. Diese Gefühle haben ihren Ursprung in der Wahrnehmung. Nach buddhistischer Ansicht sind unsere Wahrnehmungen oft ungenau oder falsch und damit die Ursache unseres Leidens. Achtsamkeit zu üben bedeutet, genau hinzuschauen, um die wahre Natur aller Erscheinungen zu erkennen und über unsere falschen Wahrnehmungen hinauszugelangen. Wenn wir ein Seil für eine Schlange halten, schreien wir vor Schreck auf. Wir haben Angst. Angst ist ein Gefühl, und wenn wir ein Seil mit einer Schlange verwechseln, zeugt das einfach von einer falschen Wahrnehmung.

Leben wir im Alltag maßvoll und gesund, können wir das Ausmaß an schmerzlichen Gefühlen, die ihren Ursprung im Körper haben, verringern. Dadurch, dass wir jede Erscheinung klar und sorgfältig prüfen, sie wirklich beobachten und somit die Grenzen unseres Verstehens erweitern und öffnen, können wir das Ausmaß an schmerzlichen Gefühlen, die ihren Ursprung in der Wahrnehmung haben, verringern. Wollen wir ein Gefühl im Lichte der Achtsamkeit beobachten, so bedeutet das auch, die Vielzahl von Ursachen, die zum Entstehen dieses bestimmten Gefühls beigetragen haben, zu erkennen, und zwar nicht nur die unmittelbaren, sondern auch die ferneren, tiefer liegenden Ursachen. Erst wenn wir wirklich tief eindringen in jedes Gefühl, das wir erkannt haben, können wir seine wahre Natur entdecken.

Ist da ein Gefühl des Ärgers oder der Angst in uns vorhanden, versuchen wir, es ganz bewusst wahrzunehmen, unterstützt durch unser achtsames Atmen. Wir sind uns dabei unseres Atems bewusst und voller Geduld, und so schauen wir allmählich immer tiefer in die wahre Natur dieses Gefühls hinein. Auf diese Weise gelangen wir zu tiefem Verstehen, und wenn wir verstehen, sind wir frei.

Die siebte Übung bezieht sich auf die Aktivitäten des Geistes. Mit den Aktivitäten des Geistes sind hier das Entstehen oder Aufsteigen eines Gefühls gemeint sowie sein Andauern und Vergehen, um schließlich zu etwas Neuem zu werden.

8. *Ich atme ein und lasse die Aktivitäten meines Geistes ruhig und friedvoll werden. Ich atme aus und lasse die Aktivitäten meines Geistes ruhig und friedvoll werden.*

Wir nutzen unser bewusstes Atmen dafür, um unsere Gefühle zu beruhigen und umzuwandeln. Das ist wie beim Radfahren: Solange wir in die Pedale treten, bewegen wir uns vorwärts; sobald wir aber bremsen, verlieren wir das Gleichgewicht und stürzen. Also müssen wir fortfahren, dem Atem zu folgen, damit sich das jeweilige Gefühl beruhigen und verwandeln kann. Wenn ihr nicht wisst, wie ihr mit einem unangenehmen Gefühl angemessen umgehen könnt, verfügt ihr noch nicht über die Weisheit der Mutter, die ihr weinendes Kind einfach auf den Arm nimmt.

»Hallo, Traurigkeit, komm her. Ich kümmere mich um dich.« Ob wir sitzen, gehen oder im Gras liegen, wir folgen einfach dem Atem und nehmen uns so unserer Traurigkeit an. Auch Kindern kann man beibringen, wie sie mit ihren Gefühlen umgehen können – mit Angst oder Ärger. Zeigt ihnen, wie sie sich bewusst machen können, dass sich ihre Bauchdecke beim Atmen hebt und senkt. Hat das Kind in einer Situation, in der es Angst oder Wut verspürt, vergessen, wie die Übung geht, dann könnt ihr es daran erinnern, so wie euch eure Schwestern und Brüder in der Sangha an die Übung erinnern, wenn heftige Gefühle in euch hochkommen.

Die achte Übung zielt auf die Umwandlung der Energie unserer Gefühle. Indem wir die wahre Natur jedes Gefühls beobachten, können wir seine Energie umwandeln in eine Energie des Friedens und der Freude. Nur wenn wir einen Menschen wirklich verstehen, können wir ihn akzeptieren und lieben. Haben wir diesen Menschen einmal akzeptiert, so brauchen wir ihm auch nicht mehr mit Vorwürfen oder Ärger zu begegnen. Auf diese Weise haben wir die Energie des Ärgers in Energie der Liebe verwandelt. Der Buddha hatte, was den Körper und die Gefühle der Menschen betrifft, sehr viel Liebe und Mitgefühl. Er wollte, dass seine Schülerinnen und Schüler wieder heimkehrten zu ihrem Körper und ihrem Geist. Sie sollten sich um beide kümmern, für sie Sorge tragen, sie heilen und nähren. Der Buddha hatte wahrhaftig tiefes Verständnis für uns menschliche Wesen!

DER SECHSTE BEREICH DER ACHTSAMKEIT

Fürsorge und Befreiung für den Geist (Übungen 9 – 12)

9. *Ich atme ein und nehme meinen Geist bewusst wahr. Ich atme aus und nehme meinen Geist bewusst wahr.*

Die neunte Übung richtet sich auf das Erkennen der Geistesformationen, mit Ausnahme der Gefühle.

Sie gehört zur ersten Gruppe von vier Übungen, die sich mit dem Bereich des Geistes beschäftigen. *Im Sutra über die Vier Grundlagen der Achtsamkeit* werden wir dazu angehalten, den »Geist im Geist zu beobachten«, also die Geistesformationen mit einer nicht-dualistischen Haltung zu betrachten, keine Grenze zwischen dem Subjekt und dem Objekt der

Beobachtung zu errichten. Betrachten wir den blauen Himmel, verschwindet die Grenze zwischen ihm und uns, und wir verspüren eine ganz tiefe Verbindung. Stellen wir uns ein Salzkorn vor, das sich in der Nähe des Meeres befindet und fragt: »Wie salzig ist das Meer?« Die Antwort, die es erhält, lautet, dass es nur einen einzigen Weg gibt, das herauszufinden: Ins Meer zu springen und mit ihm eins zu werden.

Der Begriff Geist *(citta)* umfasst hier alle psychischen Phänomene wie Gefühle, Wahrnehmungen, Denken, Abwägen, Unterscheiden, Vorstellen und ebenso alle Aktivitäten des Unterbewussten. Sobald irgendein psychisches Phänomen erscheint, sollten wir versuchen, es zu erkennen und zu identifizieren, während wir gleichzeitig voller Achtsamkeit atmen. Wir beobachten dieses Phänomen sorgfältig, um es zu durchleuchten und seine Verbindung mit unserem Geist als Ganzem zu erfassen. Die neunte Übung bedeutet: »Ich atme ein und aus und stelle fest, welche Geistesformation in diesem Augenblick in meinem Geist vorhanden ist.«

Die ersten vier Übungen des bewussten Atmens helfen uns, eins zu werden mit unserer Atmung und alles Denken, alle unterscheidenden Ideen und Vorstellungen fallen zu lassen.

Die Übungen fünf bis acht bringen uns mit unseren Gefühlen in Kontakt.

Die neunte Übung hilft uns, Gedanken und Vorstellungen als solche zu erkennen, sobald sie entstehen. Wir dürfen nicht vergessen, dass der Begriff »citta« alle psychischen Phänomene wie Gefühle, Wahrnehmungen, Gedanken usw. umfasst, ebenso wie die Objekte, auf die sie sich beziehen. Es geht hier nicht um eine einzelne psychische Erscheinung, die unveränderlich und für immer die gleiche ist. Der Geist ist ein Strom psychischer Erscheinungen, die sich ständig wandeln, die entstehen und wieder vergehen. Das Entstehen, Andauern und Vergehen jedes Phänomens in diesem Strom ist verbunden mit dem Entstehen, Andauern und Vergehen aller anderen Phänomene in diesem Strom. Ein bedeutender Teil der Meditationspraxis besteht darin zu lernen, wie die psychischen Erscheinungen im Moment ihrer Entstehung und Entfaltung erkannt und erfasst werden können. Die Geistesformation, die gerade in uns aktiv ist, können wir als heilsam oder unheilsam identifizieren. Zu den unheilsamen gehören Regungen wie Anhaftung (Festhalten), Abneigung, Verblendung (Unwissenheit), Stolz, Misstrauen und das Verstricktsein in Ansichten und Meinungen; sie alle verursachen Leid. Unterstellen wir einem Menschen, dass er etwas falsch gemacht habe, so fühlen wir uns schlecht dabei, es bereitet uns Kummer. Hegen wir gar Zweifel an den Lehren und trauen niemandem in unserer Umgebung, geht es uns ausgesprochen schlecht. Wir können ja nur dann wirklich üben, wenn wir Vertrauen und Zuversicht haben. Stolz steht da unserem Voranschreiten entschieden im Wege. Erheben wir uns über die anderen und glauben, nur wir wären im Besitz der Wahrheit, bringt uns das dem Frieden und der Freude überhaupt nicht näher.

Die Aktivitäten unseres Geistes, oft unstet und aufgewühlt, sind wie ein reißender Wildbach, der sich über die Felsen und Steine ergießt. In traditionellen buddhistischen Schriften wird der Geist auch oft mit einem Affen verglichen, der sich ständig von Ast zu Ast schwingt, oder mit einem durchgehenden Pferd. Wenn wir die Mechanismen unseres Geistes einmal durchschauen, können wir die Geistesformationen in aller Klarheit erkennen und damit können wir sie zur Ruhe kommen lassen. Mehr braucht es nicht, um Frieden, Freude und innere Stille zu finden.

10. *Ich atme ein und lasse meinen Geist glücklich und leicht werden. Ich atme aus und lasse meinen Geist glücklich und leicht werden.*

Die zehnte Übung zielt darauf ab, den Geist freudig zu stimmen. Vergleicht das einmal mit der fünften und sechsten Übung. Die fünfte hat zum Ziel, dass wir Freude erfahren, und die sechste, dass wir Glück erfahren. Diese drei Übungen können uns also ins

Paradies führen, in einen Zustand entspannter meditativer Sammlung. Um mit unserer zehnten Übung gut voranzukommen, müssen wir uns darüber im Klaren sein, wie wir die positiven Geistesformationen in uns erkennen und berühren, die dort bereits eingebettet sind. Zu ihnen gehören Vertrauen, Gutwilligkeit, Mitgefühl, Verstehen, Toleranz und Gleichmut. Wann immer wir diese positiven Geistesformationen in uns berühren, erfüllt sich der Geist mit Freude.

Dieser Zustand schenkt uns innere Ruhe und stärkt die Kraft unserer Konzentration. Der Buddha hegte den Wunsch, dass wir uns mit friedlichen und freudigen Gefühlen nähren. Die Geistesregungen freudig zu stimmen (wie die zehnte Übung manchmal bezeichnet wird) oder den Geist glücklich zu machen bedeutet, die wohl tuenden Geistesformationen in uns zu erkennen. So ist es zum Beispiel sehr förderlich, wenn es uns gelingt, voller Vertrauen und Zuversicht unserem Pfad zu folgen. Auch ist es hilfreich, wenn wir unterscheiden lernen zwischen dem, was wir tun, und dem, was wir lieber lassen sollten. Wenn ich also andere bei der Sitzmeditation sehe und erkenne, dass das eine gute Sache ist, dann bin ich wach und intelligent genug, mich ihnen anzuschließen. Ein weiteres Beispiel: In meinem Garten entdecke ich Nacktschnecken oder Raupen, die an dem Salat fressen, den ich dort angepflanzt habe. Die heilsame Geis tesformation der Gewaltlosigkeit bringt mich auf die Idee, statt diese Tiere zu töten, sie lieber bei Dunkelheit im Schein der Taschen lampe vom Salat zu entfernen und woanders hinzusetzen. Außerdem kann ich mich entschließen, künftig als Vegetarierin, Vegetarier zu leben, wenn ich mir klar mache, was Fleischverzehr bedeutet: Dass nicht nur Tiere unter Massentierhaltung leiden und dem Tod durch Schlachten ausgesetzt sind, sondern dass auch Tausende von Kindern verhungern, weil wegen der riesigen Weideflächen nicht genügend Getreide für die Menschen angebaut wird. Es ist die Haltung der Gewaltlosigkeit in mir, die mich zu solchen Entscheidungen kommen lässt.

Nun einige Anregungen, wie ihr bei der Sitzmeditation die zehnte Übung praktizieren könnt: »Ich atme ein und bin mir bewusst, dass ich in diesem Augenblick in keinerlei Verlangen verstrickt bin. Ich atme aus und fühle mich glücklich.«

Oder: »Ich atme ein und bin mir bewusst, dass ich mich über niemanden ärgere. Ich atme aus und fühle mich glücklich.« Aber wir sollten hierbei nicht stehen bleiben, sondern die entsprechende Geistesformation weiter im Lichte unserer Achtsamkeit betrachten. Nur so können wir zu erwachtem Verstehen gelangen. Und nur dieses erwachte Verstehen kann uns zu vollkommener Freiheit führen.

11. Ich atme ein und sammle meinen Geist. Ich atme aus und sammle meinen Geist.

In der elften Übung geht es darum, unseren Geist auf ein einziges Objekt zu fokussieren. Wir sammeln all unsere Konzentration und richten sie auf die Geistesformation, die gerade aktiv ist. Konzentration bedeutet hier, die Energie unseres Geistes auf ein Objekt zu richten. Im Pali wird dies *»ekaggata«* genannt, was so viel bedeutet wie »Einspitzigkeit« oder »Einsgerichtetheit «. Wenn wir die Geistesformation beobachten, die sich gerade in unserem Geist manifestiert, haben wir es mit einem einzelnen Objekt zu tun, zum Beispiel Vertrauen. Mit dieser Geistesformation sind wir in Kontakt. Wir identifizieren und benennen sie. Durch diese Übung kommt freudige Energie auf, und diese verstärkt unser Vertrauen, bringt es zur Entfaltung. Handelt es sich um eine unheilsame Geistesformation, so erkennen und benennen wir sie auch, und wir richten unsere gesamte geistige Energie auf sie. Wir umarmen sie und betrachten sie sorgfältig und eingehend, und allein dadurch wird der Prozess der Verwandlung in Gang gesetzt. Das ist, als würde man an einem kalten Morgen erwachen und ein Feuer anzünden. Bald erwärmt sich die kalte Luft durch die Wärme des Feuers. Es empfiehlt sich nicht, die Tür zu öffnen, um die kalte Luft nach draußen zu komplimentieren, damit es drinnen warm wird. Wir brauchen nur das Feuer zu hegen. Unheilsamen Geistesformationen begegnen wir also am besten mit der Wärme unserer Achtsamkeit.

Nur wenn wir fähig sind, unseren Geist kontinuierlich auf ein Objekt zu fokussieren, können wir es wirklich beobachten. Dieses Objekt kann ein körperliches Phänomen sein wie der Atem, ein psychisches wie eine Wahrnehmung oder ein Gefühl oder auch ein physikalisches wie ein Blatt oder ein Stein. All diese Objekte werden als Geistesobjekte klassifiziert; sie existieren nicht unabhängig vom Geist. Das Objekt, auf das der Geist sich fokussiert, wird durch das Licht der Beobachtung beleuchtet, so wie ein Darsteller auf der Bühne durch die Scheinwerfer angestrahlt wird. Das Objekt kann sich in Zeit und Raum bewegen, denn es ist so lebendig wie der Geist, der es beobachtet. In diesem Zustand der Konzentration sind Subjekt und Objekt eins geworden.

Auch der Atem kann für den konzentrierten Geist ausschließliches Objekt der Beobachtung sein. Wenn wir all unsere Aufmerksamkeit auf den Atem richten und der Geist nur dem Atem folgt, sind Geist und Atem eins. Das ist Konzentration. Nachdem wir uns in der auf den Atem gerichteten Konzentration geübt haben, können wir uns in gleicher Weise anderen körperlichen, seelischen und physikalischen Phänomenen zuwenden. Tiefes Schauen kann nur geschehen, wenn der Geist sich im Zustand der Konzentration befindet.

12. Ich atme ein und befreie meinen Geist. Ich atme aus und befreie meinen Geist.

Die zwölfte Übung ist darauf gerichtet, alle Knoten und Fesseln des Geistes aufzulösen. Der Geist kann durch Kummer und Erinnerungen an die Vergangenheit gebunden sein, oder er wird durch Ängste und Vorstellungen, die sich auf die Zukunft beziehen, mitgerissen; er wird in der Gegenwart durch Gefühle des Ärgers, der Angst und des Zweifels beherrscht oder ist durch falsche Wahrnehmungen verdunkelt und verwirrt. Nur wenn wir den Geist konzentrieren können, sind wir fähig, zu beobachten und zu erhellen, was den Geist gebunden hält; erst dann können wir diese Bindungen lösen.

Wenn wir hier davon sprechen, den »Geist zu befreien«, dann bezieht sich das auf sämtliche Geistesformationen, die uns ängstlich werden lassen, uns Leid bringen oder in eine falsche Richtung drängen. Wir sind also offenen Geistes, und das Licht unserer Konzentration enthüllt, was vorhanden ist, um es schließlich zur Befreiung zu führen. Dasselbe tun wir, wenn wir Knoten in einem Faden lösen wollen. Dazu benötigen wir Zeit und Ruhe. Ja, wir können unseren Geist von aller Verwirrung erlösen, wenn wir ihn nur ruhig und beherrscht in all seiner Subtilität beobachten. »Ich atme ein und öffne mein Herz, damit sich alle Knoten lösen. Ich atme aus und öffne mein Herz, damit sich alle Knoten lösen.«

DER SIEBTE BEREICH DER ACHTSAMKEIT

Das Beobachten aller Phänomene, um ihre wahre Natur zu erhellen (Übungen 13–16)

13. *Ich atme ein und beobachte die unbeständige Natur aller Phänomene. Ich atme aus und beobachte die unbeständige Natur aller Phänomene.*

Die dreizehnte Übung des bewussten Atmens ist eine Übung des Tiefen Schauens, um die unbeständige Natur aller Phänomene (Dharmas) zu erhellen und zu durchdringen. Alle Erscheinungen, seien sie nun körperlicher, seelischer oder physikalischer Art, sind ausnahmslos unbeständig.

Die Meditation, die unbeständige Natur aller Phänomene eingehend zu betrachten, gehört zu den grundlegenden Übungen. Wir glauben zu wissen, wovon die Rede ist, wenn jemand über Unbeständigkeit spricht. Aber ein wirkliches Verständnis der Unbeständigkeit ist keine Sache von Worten oder Konzepten, sondern von praktischer Übung. Der Wahrheit über die Unbeständigkeit kommen wir nur auf die Spur, wenn wir täglich üben, innezuhalten und tief zu schauen.

Unbeständigkeit bedeutet nicht nur »heute hier, morgen schon vergangen«. Die Meditation über Unbeständigkeit ist ein sehr tief greifender, alles durchdringender, wunderbarer Weg der Meditation. Es gibt keine einzige Erscheinung, die eine eigenständige, beständige Individualität besitzt. Alle Dinge sind ausnahmslos in einem unaufhörlichen Prozess der Umwandlung begriffen. Da sich alles, was existiert, ständig verändert, hat auch nichts ein unabhängiges Selbst. Unbeständig sein bedeutet ohne Selbst sein. Dies ist eine fundamentale Einsicht im Buddhismus hinsichtlich der Natur von allem, was ist. »Ich atme ein und betrachte eingehend ein Objekt. Ich atme aus und betrachte die unbeständige Natur dieses Objekts.« Das Objekt, das ich beobachte, kann eine Blume sein, ein Blatt oder ein Lebewesen. Betrachten wir die Dinge auf diese Weise tief und eingehend, erkennen wir, wie in jedem Augenblick eine Veränderung, ein Wandel stattfindet. Das Sanskrit-Wort für Augenblick, Moment, ist *kshana,* die kürzeste Zeiteinheit. Eine Sekunde enthält viele Kshana. Die erste Art der Unbeständigkeit wird *kshana-anitya,* »Unbeständigkeit in jedem Augenblick«, genannt. Wenn etwas am Ende des Kreislaufs von Entstehen, Andauern und Vergehen angelangt ist, gibt es einen deutlichen Wandel. Diese zweite Art von

Unbeständigkeit wird als »zyklische Unbeständigkeit« bezeichnet. Wenn wir Wasser erhitzen, wird das Wasser allmählich immer wärmer. Das ist *kshana-anitya*. Dann sehen wir auf einmal Dampf. Das Auftreten von Dampf ist ein Anzeichen für die zyklische Unbeständigkeit von Wasser.

Wir müssen die zyklische Unbeständigkeit schon sehr eingehend betrachten, um sie als notwendigen Bestandteil des Lebens anzuerkennen. Sie sollte uns weder überraschen noch uns Kummer bereiten, wenn wir ihr begegnen. So betrachten wir eingehend die Unbeständigkeit unseres eigenen Körpers und der Dinge, die uns umgeben; wir betrachten die unbeständige Natur der Menschen, die wir lieben, wie auch die unbeständige Natur derjenigen Menschen, die uns leiden lassen. Schauen wir uns die Unbeständigkeit nicht wirklich genau an, so missverstehen wir sie vielleicht als einen negativen Aspekt des Lebens, denn sie nimmt uns die Dinge, die uns lieb und teuer sind. Betrachten wir sie aber wirklich tief gehend, dann erkennen wir, dass sie weder positiv noch negativ ist. Sie ist einfach Unbeständigkeit. Ohne sie wäre das Leben gar nicht möglich. Wie könnten wir ohne Unbeständigkeit hoffen, dass sich unser Leiden oder das der Menschen, die wir lieben, verwandeln ließe in Glück? Wie könnte es ohne Unbeständigkeit die Hoffnung geben, dass sich ein tyrannisches Regime eines Tages in ein demokratisches verwandelt?

Unbeständigkeit bedeutet auch gegenseitige Abhängigkeit, die Tatsache also, dass es kein unabhängiges Individuum gibt, weil sich alles fortwährend ändert, wandelt. Eine Blume empfängt ständig Nicht-Blume-Elemente wie Wasser, Luft und Sonnenschein, und sie gibt wiederum ständig etwas an das Universum zurück. Eine Blume ist also ein Strom des Wandels, und genauso ist es auch mit einem menschlichen Wesen. In jedem Augenblick wird etwas aufgenommen und etwas abgegeben. Betrachten wir eingehend die Blume, erkennen wir, dass sie fortwährend geboren wird und fortwährend stirbt, dass sie nicht unabhängig ist von anderen Dingen.

Die Elemente des Kosmos sind, um existieren zu können, voneinander abhängig. Im *Majjhima Nikaya* heißt es: »Dies ist, weil jenes ist. Dies ist nicht, weil jenes nicht ist.« Unbeständigkeit bedeutet auch »Zeichenlosigkeit« *(alakshana)*. Die Kategorien der Wahrnehmung und des Denkens vermitteln uns nur die »Zeichen« der Dinge. Die Wirklichkeit von allem, was existiert, liegt aber jenseits jeder Vorstellung und jedes sprachlichen Ausdrucks; sie ist in Begriffen nicht zu erfassen. Da wir gewohnt sind, Phänomene mittels unserer Wahrnehmung und unseres Denkens zu begreifen, verfehlen wir ständig das Wesen und die wahre Natur der Dinge.

Das Beispiel von Welle und Wasser wird oft verwandt, um uns zu helfen, die »zeichenlose« Natur von allem, was ist, zu verstehen. Eine Welle kann hoch oder flach sein, kann entstehen oder vergehen, aber die *Essenz* der Welle, das Wasser, ist weder hoch noch flach, ist weder entstehend noch vergehend. Alle Kennzeichen wie hoch, flach, entstehend, vergehend berühren nicht das Wesen des Wassers. Wir weinen und lachen, entsprechend den Merkmalen, die wir wahrnehmen, da wir das Wesen der Dinge noch nicht erfasst haben. Die Essenz *(svabhava)* ist die wahre Natur von allem, was ist, also auch unsere wahre Natur.

Wenn wir nur die Erscheinungsform der Welle sehen, wie sie geboren wird und wieder vergeht, dann leiden wir. Betrachten wir aber das Wasser, das ja die Grundlage der Welle ist, und erkennen, dass alle Wellen wieder zum Wasser zurückkehren, dann haben wir gar nichts zu befürchten. Zu Beginn unserer Meditationspraxis wünschen wir uns, dass alle Dinge beständig sind, und wir glauben auch, sie hätten ein eigenständiges Selbst. So leiden wir jedes Mal, wenn die Dinge sich verändern. Nun hat uns der Buddha den Schlüssel dazu gegeben, dass wir nicht mehr leiden müssen: die Wahrheit von der Unbeständigkeit und dem Nicht-Selbst – die wahre Natur aller Dinge. Betrachten wir diese sorgfältig, dann benutzen wir den Schlüssel, der uns das Tor öffnet zur Wirklichkeit, zum Nirvana. Alle Furcht, alles Leiden verschwindet, und es macht uns nichts mehr aus, ob wir jung sind oder alt, lebendig oder tot. Uns ist klar geworden, dass wir gar nicht im üblichen Sinne sterben können; in dem Sinne also, dass wir erst existieren und dann aufhören zu existieren. Alles im Leben, so erkennen wir, ist einer Transformation, einer Verwandlung, unterworfen.

»Ich atme ein und erkenne die Natur der Unbeständigkeit. Ich atme aus und erkenne die Natur der Unbeständigkeit.« Um bei dieser Übung voranzuschreiten, müssen wir sie schon viele Male anwenden, allein oder mit unserer Gemeinschaft; und dies nicht nur in der Sitzmeditation, sondern bei allem, was wir gerade tun – beim Rasensprengen, Abwaschen, Treppensteigen oder bei anderen Tätigkeiten.

Unbeständigkeit ist aber auch Leerheit. Die Wirklichkeit von allem, was ist, ist ihre Zeichenlosigkeit, denn es ist eine Wirklichkeit, die nicht durch Worte und Begriffe erfasst werden kann. Weil sie nicht erfasst werden kann, wird sie leer genannt. Leerheit bedeutet aber keineswegs Nicht-Sein im Gegensatz zu Sein. Leerheit bedeutet kennzeichenlos sein, frei von aller Gefangennahme durch Vorstellungen und Konzepte wie Geburt und Tod, Sein und Nicht-Sein, zunehmend und abnehmend, rein und unrein. Im *Prajñaparamita Herz-Sutra* heißt es: »Alle Dharmas sind durch Leerheit gekennzeichnet; weder entstehen sie, noch vergehen sie, sie sind weder unrein noch rein, weder werden sie größer, noch werden sie kleiner.«

Unbeständigkeit bedeutet auch Absichtslosigkeit oder Nicht-auf-ein-Ziel-Gerichtetheit *(apranihita)*. Keine einzige Erscheinung hat das Erreichen eines Endziels als Grund ihres Seins. Der wahren Natur von allem, was ist, können wir nichts hinzufügen, noch können wir etwas von ihr wegnehmen. Sie hat weder Anfang noch Ende. Wir brauchen die Verwirklichung nicht außerhalb dessen, was existiert, zu suchen, denn genau im »Stoff« jedes Dharmas ist die erwachte Natur bereits vollkommen gegenwärtig.

14. *Ich atme ein und beobachte das Erlöschen der Begierde. Ich atme aus und beobachte das Erlöschen der Begierde.*

In der vierzehnten Übung geht es um die Beobachtung der vergänglichen Natur aller Phänome (Dharmas) und auch der wahren Natur unseres Begehrens, unseres Verlangens. Wir erkennen, dass Glück nicht dadurch entsteht, dass wir uns Vorstellungen über Dinge machen, die wir in der Zukunft tun wollen. Und deshalb hängen wir auch nicht mehr an den Projekten unseres Begehrens, von denen wir einmal dachten, sie würden uns später glücklich machen. Manchmal benutzen Leute beim Angeln künstliche Köder. Die Fische beißen an, weil sie die Köder für echt halten. Wüssten die Fische, dass es nur künstliche Köder sind, würden sie niemals anbeißen, denn es verursacht ja nur Leiden. Wenn ihr also die Vorstellung habt: »Hätte ich nur dies oder jenes, wäre ich glücklich«, dann ist es an der Zeit, die vierzehnte Übung des bewussten Atmens durchzuführen.

Es gibt tatsächlich Leute, die glauben, ohne akademischen Titel könnten sie nicht glücklich werden. Wozu braucht ihr einen Doktortitel, um glücklich zu sein? Ihr habt lediglich eine Vorstellung, die euch das glauben lässt. Es könnte durchaus sein, dass ihr mit dem Doktortitel auch nicht glücklich wäret. Auch die Vorstellung, dass Heirat oder Scheidung euch glücklich machen könnte, ist nur eine Idee. Hier habt ihr ebenso wenig eine Garantie dafür, dass ihr nach der Heirat oder Scheidung für den Rest eures Lebens glücklich seid. Es könnte auch das genaue Gegenteil eintreten.

Wenn wir aber erkennen, dass sich das Wesen, die Natur unseres Objektes der Begierde ständig wandelt und auf dem Wege der Auflösung, des Zerfalls und Vergehens ist, dann schwindet auch unser starker Wunsch, es möge für immer gleich bleiben. Eine Rose, eine Wolke, ein menschlicher Körper, ein uralter Baum, sie alle sind im Prozess der Auflösung. Betrachten wir alle Dharmas auf ihrer physischen Erscheinungsebene, so sehen wir, dass sie alle die Stadien von Geburt, Dauer, Verwandlung und Verschwinden durchlaufen. Wer mit der Meditation beginnt, sollte ganz genau und klar die unbeständige und vergängliche Natur aller Dinge beobachten, auch die unbeständige und vergängliche Natur der Fünf Skandhas (Fünf Daseinsgruppen oder Aggregate), aus denen das eigene Selbst besteht. Zu Lebzeiten des Buddha waren die Neun (Leichen-) Betrachtungen die spezielle Beobachtungspraxis in Bezug auf den Körper. Die Neun Betrachtungen sind eine Praxis der Beobachtung, in der die Verwesung des Körpers erhellt und durchdrungen wird, vom Zeitpunkt seines Anschwellens bis zu seiner Auflösung in Staub und Asche. Im 13. Jahrhundert lebte in Vietnam König Trân Thái Tông; im *Khoa Hu Luc (Lehren über Leerheit)* fasste er seine Betrachtung in folgende Worte:

Einst glühende Wangen und rote Lippen,
Heute nun kalte Asche und weiße Knochen.
Stellung und Ruhm, wenn auch unübertroffen,
Sind doch nur Teil eines langen Traums.
Wie reich und edel du auch immer bist,
Du bist trotz allem unbeständig.
Eifersüchtig, stolz, dich klammernd an ein Selbst,
Doch dieses Selbst ist allzeit leer.
Kraftvoll, fähig und erfolgreich,
Doch liegt darin keine letzte Wahrheit.
Warum unterscheiden zwischen Alt und Jung,
Da doch die vier Elemente auseinander fallen?
Risse zerfressen selbst Berge,

Der Held ist sehr viel früher tot.
Das dunkle Haar auf unserem Kopf –
Kaum gewachsen, ist es auch schon weiß.
Kaum verklungen die guten Wünsche zu unserer Geburt,
Da beginnt schon die Trauer um unseren Tod.
Dies sechs Fuß hohe Skelett bleicher Knochen,
Wie ist es doch um Reichtum bemüht.
Diese Hülle von Haut, gefüllt mit Blut,
Leidet Jahr um Jahr, nur weil sie festhält.

Auf diese Weise können wir unseren Körper betrachten, und so können wir auch unseren Geist betrachten. Unser Geist, der heute noch scharfsinnig und schnell ist, kann morgen schon langsam und senil sein. Flüsse, Berge, Häuser, Reichtum, Gesundheit – über alles sollten wir unter dem Aspekt der Unbeständigkeit und Vergänglichkeit meditieren.

Die Erscheinung der Objekte, die wir begehren, täuscht uns. Sehen wir sie im Licht des Tiefen Schauens, so unterscheidet sie sich in keiner Weise von dem künstlichen Köder, in dem sich ein gefährlicher Haken verbirgt. Hat sich uns einmal ihre wahre Natur enthüllt, verschwindet unser Begehren.

Vielleicht werdet ihr jetzt lächeln und sagen, dass diese Art der Betrachtung uns nur zu einer pessimistischen Geisteshaltung führt, dass sie uns die Liebe zum Leben, die Freude am Leben nimmt. Das ist wahr und zugleich auch nicht wahr. Medizin schmeckt zwar bitter, heilt aber möglicherweise unsere Krankheit. Die Wirklichkeit mag grausam sein, aber die Dinge so zu sehen, wie sie sind, wird uns heilen. Die Wirklichkeit ist der Boden wahrer Befreiung. Das Leben vergeht so schnell, und es gibt nichts, was verhindert, dass es endet. Der Saft der Freude durchströmt jedes lebendige Ding, sei es in der Welt der Mineralien, der Pflanzen oder der Lebewesen beheimatet. Nur weil wir uns durch die Vorstellung von einem kleinen Selbst gefangen halten, schaffen wir einen Zustand der Dunkelheit, der Engherzigkeit, der Angst und des Leidens. Durch unsere beschränkte, enge Sicht von einem vermeintlich existierenden Selbst bedeutet das Leben für uns nur »mein Körper, mein Haus, mein Ehepartner, meine Kinder und mein Reichtum«. Aber wenn wir alle Begrenzungen, die wir selbst geschaffen haben, aufheben, können wir erkennen, dass unser Leben in allem existiert und dass der Verfall der Erscheinungen dieses Leben gar nicht berühren kann, so wie auch das Entstehen und Vergehen der Welle das Sein des Wassers nicht beeinflusst. Beobachten wir die Erscheinungen auf diese Weise, um ihren Verfall zu erhellen, dann können wir lächeln angesichts von Leben und Tod, und wir können in diesem Leben ein großes Maß an Frieden und Freude erlangen.

15. *Ich atme ein und betrachte die vollkommene Befreiung. Ich atme aus und betrachte die vollkommene Befreiung.*

Die fünfzehnte Übung hilft uns, uns von der Vorstellung einer abgegrenzten Individualität zu befreien, so dass wir Teil des ganzen Universums werden können. Befreiung im Sinne von Beenden heißt auf Pali und auf Sanskrit nirodha, und es bezeichnet das Fallenlassen aller irrtümlichen Vorstellungen, die uns daran hindern, die letztendliche Wirklichkeit direkt zu erfahren, das Ende allen Leidens, das aus unserer Unwissenheit, unserer Verblendung erwächst. Befreiung bedeutet hier Freisein von den Vorstellungen über Leben und Tod, Beständigkeit und Verlöschen, Sein und Nicht-Sein, Kommen und Gehen – alles Vorstellungen, die erst die Grundlage bilden für Verlangen und Anhaftung, Angst und Sorge, Hass und Ärger. Geben wir all diese Vorstellungen auf, dann kommen wir endlich in Kontakt mit der wunderbaren wahren Natur der Dinge. Wie aber überwinden wir nun unsere Vorstellungen von Geburt und Tod, Kommen und Gehen? Zunächst müssen wir erkennen, dass die Dinge unbeständig sind; sie manifestieren sich und lösen sich wieder auf. Dann sind wir frei dafür, tiefer gehend zu schauen und festzustellen, dass die Wirklichkeit jenseits aller Vorstellungen ist. Es verhält sich mit ihr wie mit einer Münze: Zunächst sehen wir, dass sie zwei Seiten hat; schauen wir aber genauer hin, sehen wir, dass beide Seiten aus demselben Metall bestehen. Die Essenz der Münze ist also das Metall. Beide Seiten entstehen aus demselben Metall. Genauso verhält es sich mit Geburt und Tod, Kommen und Gehen, Sein und Nicht-Sein, Beständigkeit und Verlöschen – alles entsteht aus derselben Essenz.

16. Ich atme ein und betrachte das Loslassen. Ich atme aus und betrachte das Loslassen.

Die sechzehnte Übung zielt, wie schon die fünfzehnte, darauf, das Aufgeben aller Gefühle von Verlangen, Anhaften, Angst, Leiden, Hass und Ärger zu beobachten, zu erhellen und durchdringen. Gewöhnlich fürchten wir, die Dinge, die uns glücklich machen, zu verlieren, wenn wir loslassen. Das Gegenteil ist jedoch der Fall: Je mehr wir loslassen, desto glücklicher werden wir!

Dabei sollten wir nicht fälschlicherweise annehmen, loslassen bedeute, alles loszulassen. Natürlich lassen wir die - Wirklichkeit nicht los. Aber wir lassen alle unsere verkehrten Wahrnehmungen von der Wirklichkeit los, alle falschen Vorstellungen. Denn lassen wir nicht von unseren falschen Konzepten ab, können wir niemals in die Welt der Wirklichkeit eintreten. Wie Tang Hôi sagte, bedeutet loslassen in erster Linie, Vorstellungen über das Selbst und die Lebensspanne loszulassen. Wir denken doch, unser Leben habe an dem Tag begonnen, an dem unsere Mutter uns geboren hat. Entsprechend nehmen wir an, unsere Existenz ende an dem Tag, an dem wir beerdigt werden. Wir sagen, wir seien unser Körper und außerhalb unseres Körpers würden wir nicht existieren. »Ich atme ein und lasse die Vorstellung los, mein Körper, das sei ich.« »Ich atme aus und lasse meine Vorstellung los, die Dauer von fünfzig oder hundert Jahren sei meine Lebensspanne.«

Anathapindika war ein weltlich lebender Schüler des Buddha, der den Buddha und die Mönchsgemeinschaft sehr unterstützt hatte. Als er im Sterben lag und heftige Schmerzen hatte, gab ihm der Ehrwürdige Shariputra Belehrungen, die ihm helfen sollten, Vorstellungen über das Selbst und über die Lebensspanne loszulassen. Diese Belehrungen finden wir im *Sutra über die Unterweisungen für Kranke*. Shariputra führte Anathapindika durch eine geleitete Meditation über Buddha, Dharma und Sangha, um die Samen der Freude in Anathapindika zu nähren. Danach schenkte er ihm die »Crème« der Buddhalehren: »Lieber Freund, bitte meditiere jetzt auf folgende Weise: ›Diese Augen sind nicht ich. Ich bin nicht an diese Augen gebunden.‹ Von den Augen führte er ihn weiter zu den Ohren, der Nase, der Zunge, dem Körper und dem Geist, von Form, Klang, Geruch,

Geschmack, Berührung zu den Geistesobjekten; vom Augenbewusstsein bis zum Geistesbewusstsein. »All diese Dinge sind nicht ich. Ich brauche mich nicht in ihnen zu verfangen.«

Shariputra fuhr fort: »Lieber Freund Anathapindika, all diese Dinge existieren auf Grund bestimmter Ursachen und Bedingungen. Verschwinden diese Ursachen und Bedingungen, die sie hervorgerufen haben, so verschwinden auch diese Dinge. Es ist die wahre Natur aller Dinge, dass sie weder geboren werden noch sterben, dass sie weder kommen noch gehen.« Als Anathapindika diese Belehrungen vernahm, begriff er sie sofort. Ihm blieb nicht mehr viel Zeit zum Leben, das wusste er, und so wollte er diese Lehren unbedingt in die Praxis umsetzen, diese Meditation also ohne Aufschub üben. Als er damit begann, rannen Tränen des Glücks über seine Wangen, und so starb Anathapindika sehr friedvoll.

Auch wir haben das Glück, dass uns die »Crème« der Buddhalehren zur Verfügung steht. Wir müssen dieses Loslassen unserer Vorstellungen üben, damit wir das Leben überall sehen können, jenseits von Zeit und Raum.

Deshalb, liebe Leserin, lieber Leser, wartet nicht erst bis zum letzten Augenblick eures Lebens, um dieses Sutra zu praktizieren, euch darin zu üben. Praktiziert es *jetzt*, damit ihr erkennen könnt, dass ihr nicht gefangen seid in dieser kleinen Hülle, die euer Körper ist, noch in der engen Begrenzung eurer Lebensspanne.

Wenn wir einsehen, dass sich ein kostbarer Edelstein in unserer Tasche befindet, geben wir die habgierige Haltung eines Menschen auf, dem es scheinbar an allem mangelt. Entdecken wir, dass wir Löwen sind, verlangt es uns nicht mehr danach, von einer Hirschkuh gesäugt zu werden. Wenn wir erkennen, dass wir die Sonne sind, geben wir die Haltung einer Kerze auf, die beständig fürchtet, der Wind könne sie ausblasen. Erfahren wir, dass das Leben selbst keine Begrenzungen hat, geben wir alle einschränkenden Trennungen auf. Wir erkennen uns selbst und unser Leben überall und in allem. Deshalb bemühen wir uns, allen Lebewesen beizustehen und ihnen zu helfen, wie ein Bodhisattva oder eine Bodhisattva, ein Mensch also, der großes Erwachen erlangt hat.

Loslassen bedeutet hier nicht, das eine zu verlassen, um nach etwas anderem zu suchen. Es bedeutet vielmehr, jedes Vergleichen aufzugeben, weil wir einsehen, dass es nichts zu entfernen und nichts hinzuzufügen gibt und dass die Trennung zwischen uns und den anderen nicht wirklich existiert. Wir geben nicht unsere menschlichen Bedingungen auf, um ein Buddha zu werden. Wir suchen Buddhaschaft innerhalb unserer menschlichen Bedingungen. Wir geben nichts auf, noch streben wir nach etwas. Das ist die Bedeutung von *apranihita,* »Nicht-auf-ein-Ziel-Gerichtetheit«, »Ziellosigkeit«, was auch mit »Ohne-Verlangen-Sein« übersetzt werden kann. Die Vorstellung vom »Nicht-Erlangen«, die im Mahayana-Buddhismus sehr ausgeprägt ist, hat die gleiche Bedeutung. Lass los, um alles zu sein und vollkommen frei zu sein. Viele Menschen haben dies bereits verwirklicht, und wir können es auch tun, wenn wir es wollen.

Zusammenfassend können wir feststellen, dass die Reihenfolge der sechzehn Übungen des bewussten Atmens der Reihenfolge der Vier Grundlagen der Achtsamkeit entspricht: Körper, Gefühle, Geist und Objekte des Geistes. Wer intelligent übt, weiß nun, wie er oder sie zunächst Kontrolle erlangt über Atem, Körper und Geist, um die eigene Konzentrationskraft zu entwickeln und zu steigern, bevor er oder sie übergeht zu Tiefem Schauen, um alle Dharmas zu erhellen und zu durchdringen.

Meditation nährt unseren Körper und den Geist und kann unsere Einsicht vertiefen. Diese tiefe Einsicht ermöglicht uns, über das gewohnte leidenschaftliche Festhalten am Leben oder aber die Abscheu vor dem Leben hinauszugelangen. Sie führt dazu, dass wir freudig, ruhig, gefestigt, tolerant und mitfühlend sind.

Geleitete Meditationen

Hier sind einige Anregungen für selbst angeleitete Meditationen. Sie beruhen auf den Übungen, die der Buddha im *Anapanasati Sutta* gelehrt hat. Mit jeder könnt ihr euch so lange beschäftigen, bis ihr ihre Bedeutung erfasst habt. Vielleicht nehmt ihr euch für jede Übung erst einmal zehn Minuten Zeit. Dass ihr sie richtig durchführt, merkt ihr daran, dass ihr euch durch die Übung aufgebaut, genährt fühlt. In Klammern findet ihr Stichwörter, durch die ihr euch an den Inhalt des jeweiligen Übungssatzes erinnern könnt. Keineswegs braucht ihr alle Meditationen in einer einzigen Sitzung durchzuführen.

1. *Ich atme ein und weiß, dass ich einatme. Ich atme aus und weiß, dass ich ausatme. (Ein, aus)*
2. *Beim Einatmen weiß ich, mein Atem geht tief. Beim Ausatmen weiß ich, mein Atem fließt langsam. (Tief, langsam)*
3. *Ich atme ein und nehme meinen ganzen Körper bewusst wahr. Ich atme aus und lasse meinen ganzen Körper ruhig werden. (Körper bewusst wahrnehmen, Körper ruhig werden lassen)*
4. *Ich atme ein und spüre, dass ich am Leben bin. Ich atme aus und empfinde Freude, am Leben zu sein. (Leben, Freude am Leben)*

5. *Ich atme ein und weiß, ich habe die Gelegenheit zu meditieren. Ich atme aus und bin glücklich über die Gelegenheit zu meditieren. (Gelegenheit zu meditieren, glücklich)*
6. *Ich atme ein und umarme mein unangenehmes Gefühl. Ich atme aus und beruhige mein Gefühl. (Gefühl umarmen, Gefühl beruhigen)*
7. *Ich atme ein und bin mir der rechten Achtsamkeit in mir bewusst. Ich atme aus und bin darüber glücklich. (Heilsame Geistesregung, ich bin glücklich)*
8. *Ich atme ein und konzentriere mich auf die Aktivität meines Geistes. Ich atme aus und betrachte eingehend die Aktivität meines Geistes. (Konzentrieren auf Aktivität des Geistes, sie tief betrachten)*
9. *Ich atme ein und öffne meinen Geist, um meine Angst tief zu betrachten. Ich atme aus und verspüre die Befreiung von der Angst. (Den Geist öffnen, Befreiung)*
10. *Ich atme ein und beobachte eine Blume. Ich atme aus und betrachte die Unbeständigkeit der Blume. (Eine Blume beobachten, ihre Unbeständigkeit betrachten)*
11. *Ich atme ein und betrachte eingehend das Objekt meines Begehrens. Ich atme aus und sehe, wie mein Begehren gegenüber dem Objekt schwindet. (Objekt des Begehrens, Verschwinden des Begehrens)*
12. *Ich atme ein und beobachte das Kommen und Gehen der Welle. Ich atme aus und betrachte das*

Nicht-Kommen und Nicht-Gehen des Wassers. (Kommen und Gehen der Welle, Nicht-Kommen und Nicht-Gehen des Wassers)

13. *Ich atme ein und lasse die Vorstellung los, dieser Körper sei ich. Ich atme aus und fühle mich nicht gefangen in diesem Körper. (Dieser Körper ist nicht ich, ich bin nicht gefangen in diesem Körper.)*
14. *Ich atme ein und lasse die Vorstellung los, ich hätte vor meiner Geburt nicht existiert. Ich atme aus und lasse die Vorstellung los, ich würde nach meinem Tod nicht mehr existieren. (Ich wurde nicht geboren, ich sterbe nicht.)*

In der zweiten Übung forciert bitte euren Atem nicht, tiefer oder langsamer zu werden. Dies ist eine Übung im reinen Wahrnehmen. Euer Atem ist nämlich durch die erste Übung bereits tiefer und ruhiger geworden. In der dritten Übung seid ihr euch eures Körpers bewusst, und so werdet ihr wissen, welche Körperbereiche es zu beruhigen gilt. In der vierten und fünften Übung wird es euch nicht genügen, die Worte »Freude« und »glücklich« nur so inhaltsleer auszusprechen. Deshalb haben wir hier die Tatsache, lebendig zu sein, als Grund gewählt, glücklich zu sein, desgleichen die Gelegenheit, meditieren zu können. Natürlich könnt ihr euch eine andere Bedingung für eurer Glücksgefühl wählen und diese dann in der Meditation verwenden.

Die ersten fünf Übungen des bewussten Atmens sollen uns dazu führen, dass wir zur Ruhe kommen, innehalten, unser Augenmerk auf etwas richten, uns sammeln und uns gestärkt und gestützt fühlen. Fehlen euch diese fünf Merkmale bei der Meditation, so wird euch das Sitzen schnell ermüden. Konzentration kann man niemals dadurch erlangen, dass man sich dazu zwingt.

Die Übungen sieben und acht aus dem *Anapanasati Sutta* werden hier in Nummer sechs der geleiteten Meditation zu einer Übung verschmolzen. Entweder verspürt ihr ein unangenehmes oder ein angenehmes Gefühl, das euch entweder vergiftet oder aufregt. Diese Gefühle bringt ihr zur Ruhe. In der siebten Übungsmethode ist euer Geist darüber glücklich, dass sich in eurem Bewusstsein heilsame Geistesformationen verwirklichen. Jeder Mensch hat das Vermögen, achtsam, fürsorglich und liebevoll zu anderen zu sein. So beinhalten die ersten sieben Übungen hier die ersten zehn Übungen aus dem *Anapanasati Sutta*. Sie sollen euch beruhigen und stärken.

In der achten Übung konzentriert ihr euren Geist auf die Aktivität eures Geistes. Die Geistesformation, die ihr dabei betrachtet, kann heilsam, unheilsam oder neutral sein. Wenn ihr euch konzentriert, müsst ihr euch *auf etwas* konzentrieren. Werdet ihr befreit, dann *von etwas*. Ohne ein Objekt, auf das ihr euch konzentriert, hat es keinen Sinn, nur die Worte »Konzentration « und »Befreiung« zu wiederholen. Das bewirkt nichts. Wenn ihr voller Konzentration eine Geistesformation eingehend betrachtet, dann erkennt ihr, weshalb sie da ist, und diese Einsicht hilft euch dabei, euch von ihr zu befreien. Wollt ihr euren Geist öffnen und befreien, wie es die neunte Übung anregt, setzt das voraus, dass ihr in der achten Übung eure Konzentrationskraft ausreichend entwickelt habt. Diese beiden Übungen sind also eine Möglichkeit, uns von Geistesformationen zu befreien, die uns nur Leid bringen.

Mit der zehnten Übung könnt ihr jegliche Erscheinung beobachten: euch selbst, einen anderen Menschen oder irgendein Objekt, an dem ihr die Unbeständigkeit feststellen und betrachten könnt. Hier haben wir das Beispiel einer Blume gewählt. Buddhistische Nonnen und Mönche meditieren jeden Tag über die Vergänglichkeit ihrer eigenen Person.

In der elften Übung meditiert ihr über ein ganz bestimmtes Objekt des Begehrens. Dabei kann es sich um einen Menschen handeln oder eine Sache. Wenn ein Mensch zum Objekt eures Begehrens geworden ist, kann das sehr unangenehm für ihn werden, er kann sich in seiner Freiheit eingeengt fühlen. Deshalb ist diese Übung sehr gut geeignet, uns davon abzubringen, andere Menschen besitzen oder beherrschen zu wollen. Euer Begehren schwindet dann, wenn ihr erkennt, dass das Objekt eures Begehrens unbeständig, also vergänglich ist, kein eigenständiges Selbst besitzt und niemals fest gehalten werden kann. Wenn ihr euch nicht mit dem zufrieden geben könnt, was im Augenblick für euch erreichbar ist, werdet ihr auch niemals zufrieden sein, wenn ihr das erhaltet, wovon ihr euch für die Zukunft Glück versprecht.

In der zwölften Übung betrachtet ihr das Loslassen, das Schwinden aller Vorstellungen über Geburt und Tod, Kommen und Gehen, hoch und tief, dargestellt am Beispiel der Welle und des Wassers.

Die dreizehnte Übung regt euch an, Betrachtungen darüber anzustellen, dass ihr nicht dieser Körper und auch nicht diese Gefühle, Wahrnehmungen, Geistesformationen und dieses Bewusstsein seid. Alles trägt ständig zum Erhalt und Bestehen dieses Körpers bei: die Vegetation, die Luft, das Wasser. Gefühle und Vorstellungen sind Resultate eurer Erziehung, eurer Vorfahren, eurer Lehrerinnen und Lehrer, der Umgebung, in der ihr aufgewachsen seid. Das Bewusstsein ist ein endloses Feld, in dem sämtliche Samen schlummern und das ständig Eindrücke und Impulse aufnimmt oder erzeugt.

In der vierzehnten Übung schließlich erkennt ihr klar die Ursache dafür, dass es weder Geborenwerden noch Sterben gibt. Euer so genannter Geburtstag war ja keineswegs der Tag, an dem ihr erst begonnen habt zu existieren. Davor wart ihr bereits in euren Eltern vorhanden, und lange davor in einer Reihe von Vorfahren. Und nach eurem Tode existiert ihr weiterhin in den Wolken, im Staub dieser Erde, in euren leiblichen Nachkommen wie in euren geistig-spirituellen Erben.

EINE KURZE ÜBERSICHT ÜBER DIE GESCHICHTE DES SUTRA

Das *Sutra des Bewussten Atmens* ist eine Übertragung des *Anapanasati Sutta* aus dem Pali-Kanon. Im chinesischen Tripitaka finden wir ein *Größeres Anapanasati Sutta* (Da An Ban Shou Yi Jing)[29].

Als Übersetzer des *Größeren Anapanasati Sutta* ins Chinesische ist An Shi Gao angegeben, der in der späten Han-Periode nach China kam; das Vorwort wurde von Meister Tang Hôi geschrieben. Vergleicht man diese Schrift mit dem *Anapanasati Sutta* aus dem Pali-Kanon, so zeigen sich deutliche Unterschiede. Vermutlich ist das *Größere Anapanasati Sutta* nicht nur eine Erweiterung oder Ausschmückung des ursprünglichen Textes, sondern eine Kommentierung. Auch derjenige, der diesen Text in den Holzblock eingraviert hat, scheint zu diesem Schluss gekommen zu sein, denn er fügt am Ende hinzu: »Vom Stil des Sutra her urteilend, scheint es, dass der Kopist Fehler gemacht hat: Der ursprüngliche Text und der Kommentar sind so miteinander verwoben, dass es nicht mehr möglich ist, zwischen ihnen zu unterscheiden.«

Wir glauben, dass die ursprungliche Übersetzung des Sutra aus dem Sanskrit (oder Prakrit) ins Chinesische verloren gegangen ist. Im chinesischen Tripitaka erhalten geblieben ist der Kommentar, der vermutlich ursprünglich am Ende des Sutratextes stand. Er beginnt auch nicht mit den Worten, mit denen üblicherweise ein Sutra eingeleitet wird: »So habe ich gehört.« Tang Hôi gibt in seinem Vorwort an, dass Chen Hui für die Anmerkungen und den Kommentar verantwortlich war und dass Tang Hôi selbst ihm nur bei der Korrektur, Veränderung und Herausgabe geholfen habe.

Chen Hui war ein Schüler von Meister An Shi Gao. An Shi Gao kam als Flüchtling von Loyang (China) nach Giao Chi (heute Vietnam); mit ihm reisten zwei Gefährten: Gan Lin und Pi Ye, die wahrscheinlich auch seine Schüler waren. Es ist möglich, dass sie die ursprüngliche Übersetzung des *Anapanasati Sutta* bei sich hatten. Das Vorwort von Tang Hoi und der Kommentar wurden vor dem Jahre 229 unserer Zeitrechnung in Vietnam niedergeschrieben.

Tang Hôi wurde in Vietnam geboren. Seine Eltern waren sogdische Händler aus Zentralasien, die Vietnam durchreisten und sich schließlich dort niederließen. Tang Hôi wurde Mönch und studierte Sanskrit und Chinesisch. Er lehrte das Dharma in Vietnam, verfasste viele Texte und übersetzte viele Schriften ins Chinesische. Im Jahre 255 reiste er ins südliche China, in das Königreich Wu, um dort das Dharma zu verbreiten. Hier starb er im Jahre 280.

Im chinesischen Tripitaka gibt es noch eine Reihe anderer Sutren über die Achtsamkeit auf den Atem. Im *Zeng Yi A Han (Ekottara Agama)* gibt es zwei Kapitel über »Die Achtsamkeit auf den Atem«[30], dann das Zählen des Atems im *Sutra Xiu Hang Dao Di,*[31] und im *Tsa A Han* (der Sutrensammlung *Samyukta Agama*) das Kapitel über die Achtsamkeit auf den Atem[32]. Verbinden wir die Sutren 815, 803 und 810 dieses Kapitels miteinander, haben wir die Entsprechung zum *Anapanasati Sutta* im Pali-Kanon.

Das *Anapanasati Sutta* war in Vietnam schon im dritten Jahrhundert bekannt. Als der vietnamesische Buddhismus unter den Einfluss der Nördlichen Schulen geriet, büßte dieses Sutra aber seine Stellung als wesentliches, grundlegendes Sutra ein. Es ist nun an der Zeit, diesem Sutra wieder den Platz einzuräumen, der ihm seiner Bedeutung für die Meditationspraxis nach zukommt.

In vielen Ländern der Mahayana-Tradition fehlt heute die Möglichkeit, das *Anapanasati Sutta (Sutra des Bewussten Atmens)* wie auch das *Satipatthana Sutta (Sutra über die Vier Grundlagen der Achtsamkeit)* zu studieren, denn die Schriften werden nicht für bedeutsam gehalten und sind teilweise gar nicht verfügbar. In den Südlichen Schulen des Buddhismus werden das *Sutra des Bewussten Atmens* und das *Sutra über die Vier Grundlagen der Achtsamkeit* als zwei der wichtigsten Schriften angesehen. Viele Mönche lernen diese Sutren auswendig. Der Autor hofft, dass diese beiden Sutren auch wieder in die breite Strömung der Nördlichen Schulen des Buddhismus einfließen werden. Auch wenn die Meditationssutren der Mahayana-Tradition vom Geist dieser beiden Sutren durchdrungen sind und er in ihnen spürbar gegenwärtig ist, tun wir doch gut daran, uns mit diesen Sutren selbst vertraut zu machen. Diese Schriften basieren auf Unterweisungen zur Meditation, die zu Lebzeiten des Buddha gegeben, studiert und geübt wurden. Beide Texte sind grundlegend für die Meditationspraxis, und wir empfinden es als wichtig, dass sie überall dort, wo Meditation geübt und Buddhismus studiert wird, wieder eingeführt werden.

Wenn wir die Essenz dieser beiden Sutren begreifen, werden wir eine tiefere Einsicht in die Sutren, die als Mahayana klassifiziert werden, erlangen und sie umfassender verstehen, so wie wir die Blätter und Zweige eines Baumes eher schätzen können, wenn wir seine Wurzeln und seinen Stamm gesehen haben.

Einige weiterführende Aspekte der Übung

Weder im *Sutra des Bewussten Atmens* noch im *Sutra über die Vier Grundlagen der Achtsamkeit* wird die Methode, die Atemzüge zu zählen, erwähnt. Auch die Sechs Wunderbaren Dharma-Tore: Zählen, Folgen, Innehalten, Beobachten, Zurückkehren, Beruhigen werden nicht genannt.

Wir finden auch keinen Verweis auf die *Kasina*-Meditation (Zeichen-Meditation) noch auf die *Vier Versenkungen*[33] und die *Vier Formlosen Versenkungen*[34]. Diese Lehren sind vermutlich später eingeführt worden, da die nachfolgenden Schülergenerationen bestrebt waren, all den unterschiedlichen Erfahrungen der Übenden gerecht zu werden. Wir sollten also über diese Methoden weder urteilen noch sie kritisieren, bevor wir nicht selbst geübt und überprüft haben, ob sie für uns hilfreich sind.

Das Zählen der Atemzüge ist eine ausgezeichnete Methode für Anfänger.

Beim ersten Ein- und Ausatmen zählt ihr jeweils »eins«. Beim nächsten Einatmen zählt ihr »zwei«, ebenso beim Ausatmen. Zählt in dieser Weise bis zehn und beginnt dann von vorn. Immer, wenn ihr merkt, dass ihr das Zählen vergessen habt oder nicht mehr wisst, bei welcher Zahl ihr seid, beginnt ihr einfach wieder bei »eins«. Diese Methode, die Atemzüge zu zählen, hilft uns dabei, uns nicht mit unnützen Gedanken aufzuhalten und uns nicht zu lange mit ihnen zu beschäftigen; stattdessen konzentrieren wir uns ausschließlich auf unseren Atem und auf die Zahl. Wenn wir schließlich etwas Kontrolle über unser Denken erlangt haben, wird das Zählen überflüssig; wir hören damit auf und folgen nun mit unserer Aufmerksamkeit nur noch dem Fluss des Atems. Das wird »Folgen« genannt.

Bekannte Kommentare wie der *Patisambhida Magga (Weg des Nicht-Zögerns),* der *Vimutti Magga (Weg der Befreiung)* und der *Visuddhi Magga (Weg der Reinheit)* lehren, dass wir unsere Aufmerksamkeit während des Atmens auf unsere Nasenspitze richten sollen, dorthin also, wo die Luft in den Körper eintritt und ihn auch wieder verlässt. Wenn wir ein Stück Holz zersägen, halten wir unsere Augen auf die Stelle gerichtet, wo die Säge das Holz berührt. Wir beobachten eben nicht die sich nähernden oder entfernenden Zähne der Säge, und entsprechend richten wir unsere Aufmerksamkeit auf die Nasenspitze und nicht auf die Luft, wie sie in den Körper eintritt und ihn durchströmt. Viele Kommentatoren fügen hinzu, dass es schwierig werden kann, wenn wir dem in den Körper eintretenden Atem folgen, denn dann gibt es nicht nur ein einzelnes Objekt der Aufmerksamkeit; das aber mache es uns schwerer, die Konzentration aufrechtzuerhalten. Aus diesem Grund sagen sie, dass mit dem »ganzen Körper« in der dritten Übung *der ganze Atemkörper* gemeint sei und nicht der ganze Körper der oder des Übenden. Wenn wir das Sutra aber genau untersuchen, können wir sehen, dass ihre Auslegung nicht richtig ist. In der dritten Übung ist das Objekt der Aufmerksamkeit nicht nur der Atem. Das Objekt ist der ganze Körper der oder des Übenden, so wie auch alle Gefühle das Objekt in der siebten Übung sind und der ganze Geist das Objekt in der neunten Übung.

Auch in der vierten Übung – »ich atme ein und lasse meinen ganzen Körper ruhig und friedvoll werden« – kann der Begriff »der ganze Körper« nicht lediglich den Atemkörper meinen. In allen vier einleitenden Methoden ist der physische Körper das Objekt der Aufmerksamkeit, denn der Körper ist die erste der vier Grundlagen der Achtsamkeit. Auch wenn das Objekt in den ersten beiden Übungen nur das Atmen ist, schließt das den Körper mit ein, denn der Atem ist ein Teil unseres physischen Organismus. In der dritten und vierten Methode ist dann der ganze Körper das Objekt der Aufmerksamkeit.

Der *Vimutti Magga (Weg der Befreiung)* wurde von Upatissa am Ende des vierten Jahrhunderts n. u. Z. verfasst; der *Patisambhida Magga (Weg des Nicht-Zögerns)* von Mahanama zu Beginn des fünften Jahrhunderts und der *Visuddhi Magga (Weg der Reinheit)* von Buddhaghosa kurze Zeit später. In diesen Kommentaren wird die Empfehlung gegeben, die Aufmerksamkeit auf die Nasenpitze zu richten und nicht weiter dem Atem zu folgen, wenn er in den Körper eingetreten ist. Dies wird folgendermaßen begründet:

Folgt man dem Atem auf seinem Weg durch den Körper, folgen also die »psychischen Faktoren« dem Atem, so zerstreut sich die Aufmerksamkeit, und die oder der Übende ist nicht in der Lage, in die Vier Versenkungen einzutreten. Alle drei Kommentare betonen nachdrücklich die Unentbehrlichkeit von *shamatha* (Innehalten, Verweilen), ein Geisteszustand höchster Konzentration und Sammlung, als grundlegende Voraussetzung für Tiefes Schauen und Einsicht *(vipashyana)*. Shamatha bedeutet in diesem Zusammenhang die Vier Versenkungen und die Vier Formlosen Versenkungen. Richtet der Übende seine Aufmerksamkeit unausgesetzt auf die Nasenspitze und ist er sich bewusst, wenn die einströmende Luft an dieser Stelle den Körper berührt – so wie der Holzfäller seinen Blick nur auf die Stelle richtet, wo die Sägezähne in das Holz eindringen und wieder aus treten –, dann wird seine ungleichmäßige, grobe Atmung allmählich immer feiner, sanfter und ebenmäßiger; schließlich lösen sich alle Unterschiede auf. In diesem Augenblick erscheint ein visuelles Zeichen *(kasina)*, ähnlich einem Lichtpunkt oder einem Wattebausch, und der Übende fühlt sich erfrischt, leicht und ruhig, so als habe ihn eine kühle Brise gestreift.

Bleibt nun der Übende mit seiner Aufmerksamkeit bei diesem Zeichen, so tritt er in den Zustand der ersten Versenkung ein. Dieser ersten Versenkung folgt die zweite, die dritte und die vierte. In diesen Zuständen meditativer Sammlung sind die fünf Sinnesorgane nicht mehr aktiv, aber der Geist des Übenden ist klar und wach. Den Vier Versenkungen folgen die Vier Formlosen Versenkungen: der Bereich des Grenzenlosen Raumes, der Bereich des Grenzenlosen Bewusstseins, der Bereich der Nichtsheit und der Bereich von Weder-Wahrnehmung-noch-Nichtwahrnehmung.

Es stellt sich die Frage, in welchem Ausmaß die buddhistische Meditation durch die Yoga-Lehren der Upanishaden beeinflusst war. Bevor Buddha Shakyamuni vollkommene Erleuchtung erlangte, schulte er sich bei vielen Brahmanen- Yogis und lernte bei ihnen auch die Vier Versenkungen und die Vier Formlosen Versenkungen kennen. Nachdem er sie erfahren und sich in ihnen geübt hatte, war er der Ansicht, dass Versenkungszustände wie der Bereich der Nichtsheit und der Bereich von Weder-Wahrnehmung-noch-Nichtwahrnehmung, so wie sie von Meister Arada Kalama und Udraka Ramaputra gelehrt wurden, nicht zur Befreiung führen. Wie wir gesehen haben, erwähnt der Buddha diese Versenkungen auch weder im *Anapanasati Sutta* noch im *Satipatthana Sutta,* den beiden grund legenden Sutren zur Meditationspraxis. Es muss in diesem Zusammenhang betont werden, dass die Übung der Vier Versenkungen und der Vier Formlosen Versenkungen *keine* grundlegende, unabdingbare Voraussetzung ist, um die Frucht der Übung zu erlangen: den Erwachten Geist.

Die Methoden, die Achtsamkeit immer weiter zu vertiefen, wie der Buddha sie im *Sutra über die Vier Grundlagen der Achtsamkeit* lehrte, können hingegen als ein einzigartiger, zur Befreiung führender Weg angesehen werden. Es gibt Menschen, die viele Jahre lang praktiziert und niemals die Vier Versenkungen erreicht haben; deshalb glauben sie nun, sie hätten nicht die Fähigkeit, das Erwachen zu verwirklichen. Andere wieder haben sich in ungesunde Meditationspraktiken verirrt und all ihren Geistesfrieden verloren, nur weil sie unbedingt in die Vier Versenkungen eintreten wollten. Deshalb sollten wir in unserer Übung dem Weg folgen, den uns der Buddha im *Anapanasati Sutta* und im *Satipatthana Sutta* gewiesen hat; nur dann können wir sicher sein, dass wir uns nicht in Übungen verrennen und dies später einmal bedauern.

Der vietnamesische Meister Tang Hôi verwies in seinem Vorwort zum *Größeren Anapanasati Sutta* in chinesischer Sprache ebenfalls auf die Vier Versenkungen, doch sind die Vier Versenkungen des Tang Hôi mit der Beobachtung bestimmter Erscheinungen verbunden – der Beobachtung des Körpers, der Beobachtung von Himmel und Erde, Wachstum und Verfall, Kommen und Gehen usw. Tang Hôi sprach auch von den Sechs Wunderbaren Dharma-Toren (die Atemzüge zählen, dem Atem folgen, innehalten und den Geist konzentrieren, beobachten, um alles, was ist, zu beleuchten, zurückkehren zum Grund des Geistes und über die Begriffe von Subjekt und Objekt hinausgehen). Darüber hinaus verwies Tang Hôi auf die Methode, den Geist auf die Spitze der Nase zu konzentrieren. Auch das Sutra *Xiu Hang Dao Di* beschreibt die Technik, die Atemzüge zu zählen, die Sechs Wunderbaren Dharma-Tore sowie die Technik, den Geist auf die Nasenspitze zu konzentrieren; und auch das *Zeng Yi A Han (Ekottara Agama)* erwähnt im Kapitel über den Atem die Vier Versenkungen und die Technik, den Geist auf die Nasenspitze zu konzentrieren, nicht aber das Zählen der Atemzüge oder die Sechs Wunderbaren Dharma-Tore.

Wir müssen bedenken, dass diese Sutren über Jahrhunderte hinweg auswendig gelernt und mündlich weitergegeben wurden, bevor sie schließlich niedergeschrieben wurden. In diesem Prozess haben viele Sutren mehr oder minder große Veränderungen erfahren, entsprechend der Vielzahl von Einflüssen und sich wandelnden Umständen während dieser Jahrhunderte. Das *Anapanasati Sutta* und das *Satipatthana Sutta* können als zwei besonders kostbare Dokumente der frühbuddhistischen Meditationspraxis betrachtet werden, wurden sie doch von den Mönchen mit besonderer Sorgfalt überliefert, und dies offensichtlich mit nur wenigen Fehlern und zusätzlichen Einfügungen.

Es gibt aber auch einige klassische Sutren, die im Prozess der Übertragung durch Einflüsse von außen dauerhafte Veränderungen erfahren haben. Dies gilt sowohl für Sutren der Nördlichen wie der Südlichen Schulen, vornehmlich aber wohl für die der Nördlichen Schulen. Wenn wir die Mahayana-Sutren studieren, sollten wir uns immer wieder den grundlegenden »Quellen-Sutren« zuwenden und sie in ihrer ganzen Tiefe zu erfassen suchen. In ihnen sind bereits die Keime aller wichtigen Ideen des Mahayana enthalten. Kehren wir zur »Quelle« zurück, so erhalten wir ein klareres und fester umrissenes Bild von den Mahayana-Sutren. Wenn wir uns nur von den beiden großen Flügeln des Mahayana-Vogels tragen lassen, fliegen wir vielleicht zu weit weg und verlieren jeden Kontakt mit dem Boden, von dem aus sich der Vogel einst erhob.

Aus der Tatsache, dass das *Anapanasati Sutta* und das *Satipatthana Sutta* nicht auf die Vier Versenkungen und die Vier Formlosen Versenkungen verweisen, dürfen wir jedoch nicht schließen, dass sie nicht die Notwendigkeit und Bedeutsamkeit einer kraftvollen, beweglichen Konzentration betonen. Meditation hat zwei Aspekte: den Aspekt des Innehaltens und der Sammlung des Geistes *(shamatha)* und den Aspekt des Tiefen Schauens und der Einsicht *(vipash yana)*.

Die Achtsamkeit auf den Atem zu richten oder auf ein anderes Objekt wie den Körper, die Gefühle, das Bewusstsein und die Objekte des Bewusstseins zielt darauf ab, innezuhalten und den Geist vollkommen auf ein Objekt zu fokussieren. So wird es möglich, das Objekt in all seiner Tiefe zu erfassen. Eine solche Konzentration des Geistes bewirkt, dass der Geist nicht länger in den Gedankenwelten umherirrt, er nicht mehr von einem Objekt zum nächsten springt, sondern bei einem einzigen Objekt bleibt. Bei diesem einen Objekt bleiben wir, um es zu beobachten und tief in das Objekt hineinzuschauen. Auf diese Weise werden die unzerstreute Sammlung und die Beobachtung eins.

Dank unserer Fähigkeit, immer wieder innezuhalten und unsere Aufmerksamkeit zu bündeln, sind wir in der Lage zu beobachten. Je genauer und tiefer wir dies tun, desto größer und tiefer wird auch unsere geistige Konzentration. Konzentrieren und sammeln wir unseren Geist, so erwerben wir auf natürliche Weise die Fähigkeit zu sehen, Dinge zu erkennen. Im Prozess der Beobachtung kommt der Geist mehr und mehr zur Ruhe. Wir brauchen nicht mehr weiter zu suchen – es genügt, die einfachen

Übungen, die der Buddha uns in diesem Sutra vorgeschlagen hat, in die Praxis umzusetzen.

Vergleichen wir das *Anapanasati Sutta* und das *Satipatthana Sutta* miteinander, können wir sehen, dass sie vollkommen miteinander vereinbar sind. Während der 2500-jährigen Geschichte des Buddhismus sind diese Schriften von allen Schülergenerationen des Buddha stets respektiert und geachtet worden. Sie sind nicht weiter ausgeschmückt worden, wie dies bei vielen anderen Schriften geschehen ist. Es ist sehr wichtig, dass künftige Generationen von Gelehrten und Kennern der Schriften ganz genau unterscheiden, was die wesentlichen, grundlegenden Elemente buddhistischer Meditation sind (in den Nördlichen und Südlichen Schulen), und welche Elemente erst später aus anderen Traditionen übernommen wurden. In der gesamten Geschichte des Buddhismus sind immer wieder neue Elemente hinzugefügt worden. Nur auf diese Weise kann der Buddhismus gedeihen und lebendig bleiben. Im achten Jahrhundert und in der Folgezeit wurde die Praxis des *Kung An (Koan)* entwickelt. Von den neuen Methoden konnten sich einige durchsetzen, andere sind gescheitert. Bevor wir uns mit Meditationsübungen beschäftigen, die erst nach der Zeit des Buddha entwickelt wurden, sollten wir uns zunächst an diejenigen halten, die der Buddha nach seiner Erleuchtung lehrte und mit seinen Schülerinnen und Schülern praktizierte.

Anmerkungen

1. Savatthi: die Hauptstadt des Königreichs Kosala, ungefähr 120 Kilometer westlich von Kapilavatthu gelegen
2. Bhikkhu: Mönch
3. Die Pavarana-Zeremonie wurde am Ende jedes Regenzeit-Retreats, des jährlichen Dreimonats-Retreats für buddhistische Mönche, abgehalten. Während der Zeremonie lud jeder der anwesenden Mönche die Versammlung ein, auf die charakterlichen Schwächen hinzuweisen, die er während des Retreats gezeigt hatte.
   Der Vollmond zeigte das Ende des Mondmonats an. Normalerweise wurde Pavarana am Ende des Monats *Assayuja* (etwa Oktober) abgehalten, aber in dem Jahr, als dieses Sutra gelehrt wurde, hatte der Buddha das Retreat auf vier Monate ausgedehnt, und die Zeremonie wurde am Ende des Monats *Kattika* (etwa November) abgehalten.
4. Der Vollmondtag am Ende des vierten Retreatmonats (Kattika) wurde *Komudi* oder Weißer Lotos-Tag genannt; Komudi ist eine Art des weißen Lotos, die im späten Herbst blüht.
5. Feld der Verdienste: Eine gute Gemeinschaft zu unterstützen ist, wie das Einpflanzen des Saatguts in fruchtbarem Boden, eine gute Investition.
6. Arahat (Sanskrit: *Arhat*): die höchste Verwirkli-

chung, die ein Mensch erreichen kann, nach Auffassung der frühen buddhistischen Tradition. Arahat bedeutet: des Respektes würdig, verdienstvoll. Ein/e Arahat ist ein Mensch, der alle Ursachen des Leidens vernichtet hat und nicht länger dem Kreislauf von Leben und Tod unterworfen ist.

7. Quälende Geisteszustände (Skt: *klesha,* Pali: *kilesa*): Zustände, die den Geist einengen, wie Gier, Hass und Unwissenheit, Dünkel, Argwohn und falsche Ansichten. Eine ähnliche Bedeutung hat auch *Asava* (Pali): Leiden, Schmerzen, die Gifte des Geistes, die Ursachen, die uns Geburt und Tod unterwerfen, wie Begierde, falsche Ansichten und Unwissenheit.
8. Die zehn Fesseln oder inneren Knoten (Skt: *Samyojana*) sind: (1) Gefangensein in der falschen Sicht vom Selbst, (2) Zweifel, (3) Gefangensein in Regeln und Riten, (4) Begierde, (5) Hass und Zorn, (6) Verlangen nach der Welt der Form, (7) Verlangen nach der formlosen Welt, (8) Stolz, (9) Aufgeregtheit und (10) Unwissenheit. Diese halten uns im Kreislauf der Wiedergeburten gefangen.
   In der Mahayana-Tradition werden die zehn Fesseln in folgender Reihenfolge aufgeführt: Verlangen, Hass, Unwissenheit, Stolz, Zweifel, Glaube an ein wirkliches Selbst, extreme Ansichten, falsche Ansichten, verdrehte Ansichten, Ansichten, die unnötige Verbote befürworten. Die ersten fünf

werden als stumpf bezeichnet, die zweiten fünf als scharf.

9. Frucht der Nie-Wiederkehr *(Anagami-phala):* Die Frucht, die nur der Frucht der Arahatschaft untergeordnet ist. Diejenigen, die die Frucht der Nie-Wiederkehr verwirklicht haben, kehren nach diesem Leben nicht mehr in den Kreislauf von Leben und Tod zurück.
10. Frucht der Einmal-Wiederkehr *(Sakadagami-phala):* Die Frucht, die der Frucht der Nie-Wiederkehr untergeordnet ist. Diejenigen, die die Frucht der Einmal-Wiederkehr verwirklicht haben, werden nur noch einmal in den Kreislauf von Leben und Tod zurückkehren.
11. Frucht des Stromeintritts *(Sotapatti-phala):* die vierthöchste Stufe. Diejenigen, die die Frucht des Stromeintritts erlangt haben, werden als solche betrachtet, die in den Strom des Erwachten Geistes eingetreten sind, der mit Sicherheit im Meer der Befreiung mündet.
12. Die Vier Grundlagen der Achtsamkeit *(Satipatthana):* (1) Die Achtsamkeit auf den Körper im Körper, (2) die Achtsamkeit auf die Gefühle in den Gefühlen, (3) die Achtsamkeit auf den Geist im Geist, (4) die Achtsamkeit auf die Geistesobjekte in den Geistesobjekten. Siehe auch Thich Nhat Hanh, *Umarme deine Wut* (Theseus Verlag, Berlin, 6. Auflage, 1999). Das Buch enthält den Text des

Satipatthana Sutta sowie Kommentare von Thich Nhat Hanh.

13. Die Vier Rechten Bemühungen *(padhana):* (1) Man lässt Unheilsames nicht in sich aufsteigen. (2) Ist Unheilsames aufgestiegen, findet man ein Mittel, es zu beenden. (3) Man lässt Heilsames, das sich noch nicht entfaltet hat, in sich aufsteigen. (4) Ist Heilsames aufgestiegen, findet man Mittel, es aufrechtzuerhalten und zu entwickeln.
14. Die Vier Grundlagen des Erfolgs *(iddhi-pada):* Vier Wege, die zur Verwirklichung eines starken Geistes führen: Eifer, Energie, Volle Bewusstheit und Ergründung.
15. Die Fünf Fähigkeiten *(indriyani):* (1) Vertrauen, (2) Tatkraft, (3) Achtsamkeit, (4) Meditative Konzentration, (5) Wahres Verstehen.
16. Die Fünf Kräfte *(bala):* dieselben wie die Fünf Fähigkeiten, sie werden hier aber eher als entwickelte Kräfte denn als grundsätzliche Fähigkeiten angesehen.
17. Die Sieben Faktoren des Erwachens *(bojjhanga):* (1) Achtsamkeit, (2) Dharma-Ergründung, (3) Tatkraft, (4) Freude, (5) Leichtigkeit und Ruhe, (6) Sammlung, (7) Gleichmut.
18. Der Edle Achtfache Pfad *(atthangika-magga):* Die rechte Weise der Übung enthält acht Elemente: (1) Rechte Anschauung, (2) Rechte Absicht, (3) Rechte Rede, (4) Rechtes Handeln, (5) Rechte Le-

bensführung, (6) Rechte Bemühung auf dem Pfad, (7) Rechte Achtsamkeit, (8) Rechte Sammlung. Die bisher aufgeführten insgesamt 37 Übungen, von den Vier Grundlagen der Achtsamkeit bis zum Edlen Achtfachen Pfad, werden *bodhipakkhiya-dhamma* genannt, die Bestandteile des Erwachens.

19. Liebende Güte, Mitgefühl, Freude und Gleichmut *(brahma-vihara):* Vier ausgezeichnete, wertvolle Geisteshaltungen, die keiner Begrenzung unterworfen sind; sie werden daher auch oft als die Vier Unermesslichen Geisteszustände bezeichnet. Liebende Güte lässt uns Freude schenken, Mitgefühl lässt uns das Leiden beseitigen, Freude lässt uns Glück und Freude in der Freude der anderen erfahren, Gleichmut lässt uns loslassen, ohne Gewinn und Verlust zu kalkulieren, ohne uns an Glaubensvorstellungen als scheinbare Wahrheit zu klammern und ohne Ärger oder Kummer zu empfinden.
20. Neun Betrachtungen: In dieser Übung werden die neun Stadien der Verwesung eines Körpers betrachtet, vom Zeitpunkt, da der Körper anschwillt, bis zu dem Moment, da er zu Staub zerfällt.
21. Freude und Glück: Gewöhnlich wird der Begriff *piti* (Skt: *priti*) als »Freude« übersetzt und der Begriff *sukha* als »Glück«. Das folgende Beispiel wird

oft benutzt, um *piti* und *sukha* miteinander zu vergleichen und sie zu unterscheiden: Jemand, der durch die Wüste zieht und unerwartet einen Fluss mit kühlem Wasser entdeckt, erfährt piti (Freude); wenn er das Wasser trinkt, erfährt er *sukha* (Glück).

22. Phänomene oder Dharmas: Gemeint ist hier alles (Dinge, Erscheinungen, Phänomene), was besteht.
23. Erlöschen oder Verblassen *(viraga):* Das Verblassen der Farbe und des Geschmacks jedes Dharmas und seine allmähliche Auflösung; gleichzeitig auch das Verblassen und die allmähliche Auflösung der Farbe und des Geschmacks der Begierde. *Raga* bedeutet Farbe oder Färbung; in diesem Zusammenhang bedeutet *Raga* auch Begierde. *Viraga* ist also sowohl das Verblassen der Farbe als auch der Begierde.
24. Befreiung bedeutet hier, den Wurzeln des Leidens und des Kummers ein Ende zu bereiten, indem man sie umwandelt.
25. Loslassen bedeutet hier, all das aufzugeben, was wir als illusorisch und bar jeden Gehaltes ansehen.
26. Unterscheiden und Vergleichen: d. h. das Subjekt vom Objekt zu unterscheiden; das, was uns lieb ist, zu vergleichen mit dem, was wir nicht mögen; das, was wir erreicht haben, zu vergleichen mit dem, was wir verloren haben.

27. Gleichmut (Pali: *upekkha,* Skt: *upeksha*): wird manchmal auch als Gleichgültigkeit übersetzt. Die grundlegende Bedeutung ist das Aufgeben der Unterscheidungen und Vergleiche: Subjekt/ Objekt, Vorliebe/ Abneigung, Gewinn/Verlust. In der Mahayana-Tradition ist diese Vorstellung umfassend entwickelt.
28. *Anapanasati:* Anapana bedeutet Ein- und Ausatmung, sati hat die Grundbedeutung »Gedächtnis« oder »im Gedächtnis bewahren«; im Buddhismus wird das Wort *sati* aber mehr im Sinne von »Achtsamkeit«, »klare Bewusstheit«, »Gewahrsein« oder »wache Aufmerksamkeit« verwandt. Sati ist eine der Fünf Fähigkeiten und Kräfte, einer der Sieben Faktoren des Erwachens und das siebte Glied des Edlen Achtfachen Pfades.
Sutta (Sanskrit: *Sutra*): eine Lehrrede des Buddha. Da das *Anapanasati Sutta* in Pali niedergeschrieben wurde, wäre es nur natürlich, das Paliwort sutta während des ganzen Textes zu verwenden. Da aber durch historische Umstände Mahayana-Sanskrit-Schriften im Westen bekannter geworden sind und von daher auch der Begriff *Sutra,* haben wir uns entschieden, das Wort Sutra zu benutzen, als sei es ein englisches oder deutsches Wort. »Sutta« verwenden wir nur, wenn das Wort Teil des richtigen Namens eines Pali-Sutta ist, wie das *Anapanasati Sutta* oder das *Satipatthana*

Sutta. Ansonsten benutzen wir das Wort Sutra, auch wenn wir uns auf Pali-Texte beziehen.

29. Sutra Nr. 602 im Taisho Revidierten Chinesischen Tripitaka
30. Sutra Nr. 125 im Taisho Rev. Chinesischen Tripitaka, Kap. 7, 8
31. Sutra Nr. 606 im Taisho Rev. Chinesischen Tripitaka, Buch 5, Kap. 23
32. Die Sutra-Sammlung *Tsa A Han* oder *Samyukta Agama* hat im Taisho Revidierten Chinesischen Tripitaka die Nummer 99.
33. Vier Versenkungen: (Sanskrit: *Rupa-Dhyana*, Pali: *Rupa-Jhana*)
34. Vier Formlose Versenkungen (Sanskrit: *Arupa-Dhyana*, Pali: *Arupa-Jhana*)

KONTAKTADRESSEN

Spirituelles Zentrum von Thich Nhat Hanh:

Plum Village
New Hamlet
13 Martineau
F-33580 Dieulivol
Tel.: 0033-7-65 19 37 45
www.plumvillage.org

Nähere Informationen für Deutschland:

Gemeinschaft für Achtsames Leben, Bayern e. V.
Treffauerstraße 19
81373 München
Tel.: 08092-85 19 940
E-Mail: info@gal-bayern.de
www.gal-bayern.de

SEMINARANGEBOTE FÜR DEUTSCHLAND

Intersein Zentrum für Leben in Achtsamkeit
Haus Maitreya
Unterkashof 50
94545 Hohenau
Tel.: 08558-92 02 52
post@intersein-zentrum.de
www.intersein-zentrum.de

Quelle des Mitgefühls
Meditationshaus in der Tradition von Plum Village
Heidenheimer Straße 27
13467 Berlin
Tel.: 030-40 58 65 40
quelledesmitgefuehls@web.de
www.quelle-des-mitgefuehls.de

THICH NHAT HANH ZUM WEITERLESEN

Achtsam leben – wie geht das denn?, Arkana Verlag
Antworten von Herzen, Arkana Verlag
Aus Angst wird Mut, Arkana Verlag
Das Wunder der Achtsamkeit, Arkana Verlag
Der furchtlose Buddha, Arkana Verlag
Der Geruch von frisch geschnittenem Gras, Arkana Verlag
Die Welt ins Herz schließen, Arkana Verlag
Frei sein, wo immer du bist, Arkana Verlag
Im Hier und Jetzt zuhause sein, Arkana Verlag
Jeden Augenblick genießen, Arkana Verlag

Abbildungsverzeichnis:
Seite 4: vollkornbrot / photocase.de
Seite 8: Gortincoiel / photocase.de
Seite 24: joto /photocase.de
Seite 44: Casarsa / istock.com
Seite 104: eritropel / photocase.de
Seite 112: Livepiccs.de / photocase.de
Seite 127: svl861 / fotolia.com
Seite 137: Braun Media / buchcover.com

MIX
Papier | Fördert gute Waldnutzung
FSC® C004378

Penguin Random House Verlagsgruppe FSC® N001967

2. Auflage

Die amerikanische Originalausgabe *The Sutra of the Full Awareness of Breathing*, 1988 bei Parallax Press veröffentlicht, erschien 1989 im Theseus Verlag, Zürich, unter dem Titel *Das Sutra des Bewussten Atmens*. Die vorliegende Ausgabe, eine grundlegende Erweiterung und Neubearbeitung, basiert auf der amerikanischen revidierten Ausgabe *Breathe! You are Alive*, Revised edition, erschienen 1997 bei Parallax Press, Berkeley, California, USA

Lektorat: Karen Siebert, Ulrich Scharpf
Illustrationen: Judith Bossert
Umschlag: Tina Agard Grafik & Buchdesign, Esslingen
Umschlagmotiv: © iStockphoto/LPETTET
Layout und Satz: Tina Agard Grafik & Buchdesign, Esslingen
Druck und Bindung: PBtisk a. s., Příbram
Printed in Czech Republic
ISBN 978-3-442-34575-5

www.arkana-verlag.de